Cambia el Chip

PROFIT editorial

Profit Editorial, sello editorial de referencia en libros de empresa y management. Con más de 400 títulos en catálogo, ofrece respuestas y soluciones en las temáticas:

- Management, liderazgo y emprendeduría.
- Contabilidad, control y finanzas.
- Bolsa y mercados.
- Recursos humanos, formación y coaching.
- Marketing y ventas.
- Comunicación, relaciones públicas y habilidades directivas.
- Producción y operaciones.

E-books:
Todos los títulos disponibles en formato digital están en todas las plataformas del mundo de distribución de e-books.

Manténgase informado:
Únase al grupo de personas interesadas en recibir, de forma totalmente gratuita, información periódica, newsletters de nuestras publicaciones y novedades a través del QR:

Dónde seguirnos:
   | @profiteditorial

 | Profit Editorial

Ejemplares de evaluación:
Nuestros títulos están disponibles para su evaluación por parte de docentes. Aceptamos solicitudes de evaluación de cualquier docente, siempre que esté registrado en nuestra base de datos como tal y con actividad docente regular. Usted puede registrarse como docente a través del QR:

Nuestro servicio de atención al cliente:
Teléfono: **+34 934 109 793**
E-mail: **info@profiteditorial.com**

PACO SOLER

Cambia el Chip

Manual de supervivencia
para la Era de la Inteligencia Artificial

PROFIT
editorial

Todas las publicaciones de Profit están disponibles para realizar ediciones personalizadas por parte de empresas e instituciones en condiciones especiales.

Para más información, por favor, contactar con: info@profiteditorial.com

© Paco Soler, 2024
© Profit Editorial I., S. L., 2024

Diseño de cubierta: XicArt
Maquetación: Sonia Sáez - www.soniaymas.com

ISBN: 978-84-19841-54-4
Depósito legal: B 12-2024

Impresión: Gráficas Rey
Impreso en España — *Printed in Spain*

ÍNDICE

3

LIDERA TU VIDA

4

MOVILIZANDO LA ENERGÍA DE LOS DEMÁS

5

TRANSFORMAR UNA ORGANIZACIÓN

PREFACIO

El 22 de junio de 2022 me diagnosticaron un cáncer de riñón. Los doctores vieron también posibles indicios de complicaciones en el hígado y los pulmones. No obstante, dijeron que para asegurarse me harían nuevas pruebas al cabo de un par de semanas.

Durante aquellas dos semanas, entre el primer diagnóstico y el segundo, estuve inusitadamente sereno. Me planteé, como es natural, qué pasaría si aquello fuese el final de mi vida. ¿Cómo me sentía? ¿Había aprovechado los años que se me habían dado hasta aquel momento? ¿Me había quedado algo importante por hacer?

Por supuesto, la posibilidad de que se acabasen mis días me llenaba de tristeza, sobre todo cuando pensaba en las cosas de las que no podría disfrutar (sobre todo compartir la vida con mis hijas), pero me enfrentaba a aquella posibilidad con una calma que a mí mismo me sorprendía. Sentía que había sido una persona tremendamente afortunada y que no tenía ninguna gran asignatura pendiente. Lo único que lamentaba era no haber escrito el libro que llevaba años preparando en mi cabeza y que tantas personas me habían pedido en los talleres y conferencias que imparto en varios países. Entre tanto trabajo, nunca había encontrado el momento de parar y poner orden a los aprendizajes de tantos años.

Aquella fue una reflexión tremendamente útil, pues en momentos extremos, como cuando te enfrentas a la muerte, la tuya o la de alguien cercano, no caben los autoengaños o las postergaciones. Es el momento de la verdad, de enfrentarte a tu propio juicio final.

Al cabo de dos semanas me hicieron nuevas pruebas y recibí el segundo diagnóstico. La resonancia magnética descartó las complicaciones en el hígado y los pulmones y reveló que el cáncer había sido detectado, afortunadamente, en una fase temprana. Me operaron y todo fue bien. Cuatro meses después, un tercer diagnóstico me declaró libre de cáncer.

Después de aquello me hice dos propósitos. El primero, celebrar la vida con plena conciencia cada día, a ser posible cada minuto. El segundo, empezar a escribir este libro para que, cuando llegue la hora final y verdadera, no quede absolutamente nada pendiente. Y eso es justo lo que estoy haciendo.

El objetivo es plasmar mis aprendizajes de décadas sobre cómo adaptarnos a los increíbles cambios que nos ha tocado vivir en esta época de revolución digital. Muchas de las cosas que explicaré las he vivido en carne propia y otras las he podido observar y aprender de las personas más inspiradoras que uno pueda imaginar.

Son, en esencia, las experiencias y aprendizajes que comparto habitualmente en mis charlas y clases de liderazgo, que imparto desde hace años en distintas partes del mundo. Aquí las encontrarás ordenadas, aderezadas y listas para que cualquier persona encuentre en ellas un manual útil para afrontar esta Era Digital.

Espero, de corazón, que encuentres en ella inspiración y guía.

PRÓLOGO

Cuando Paco me pidió si podía escribir el prólogo para su libro, acepté de inmediato por dos razones.

En primer lugar, por el gran honor que ello significa para mí. Me consta el profundo y largo proceso de pensamiento y preparación que esconden las palabras que te aventuras a leer: toda una vida de experiencias educativas, profesionales y personales que han sido cuidadosamente hilvanadas para tejer una narrativa profunda y vigente, necesaria para cualquier persona que quiera entender los retos a los que nos enfrentamos como líderes —actuales o en potencia—, abordados desde las aristas del liderazgo, la tecnología y la gestión.

En segundo lugar, por el inmenso afecto y admiración que le tengo. De una manera u otra, Paco ha estado presente a lo largo de toda mi vida profesional, y aunque nos separa el Atlántico y nos vemos poco, cada encuentro, cada conversación o cada chat que compartimos me ha proporcionado una lección. Y al leer este libro, siento que cada párrafo es una lección más; por tanto, puedo afirmar que tienes en tus manos un verdadero tesoro al que hay que «sacarle todo el jugo». Recuerdo de forma muy nítida nuestra primera conversación. Nuestro amigo en común, Diego Molano, nos puso en contacto hace más de 20 años porque yo tenía un profundo interés por conocer cómo funcionaba la unidad Corporate Initiatives Group (Grupo de Iniciativas Corporativas) de General Electric, un equipo de élite cuya misión era gestionar el pipeline de innovación de esta empresa en sus años más fértiles y Paco era parte del equipo. Fue generoso con su tiempo y sus ideas, y sus consejos fueron fundamentales para orientar mi proceso de búsqueda de trabajo justo cuando terminaba mi maestría en el Institute for Management Development (IMD), en Suiza, la misma institución en la que él la había terminado unos meses antes.

Dicha institución se convirtió en el terreno común que unía nuestros intereses. Ambos éramos los representantes de la comunidad de exalumnos en nuestros respectivos países, y una vez al año nos encontrábamos en Lausana con el resto de los representantes de otros países, pero Paco y yo siempre terminábamos juntos conversando. Seguramente, compartir el mismo idioma nos llevaba a comunicarnos con más facilidad, pero, sobre todo, lo que más nos alineaba eran nuestros intereses e inquietudes; como dice el conocido refrán, «Dios los crea y ellos se juntan». En estos encuentros, siempre acabábamos filosofando y discutiendo hasta muy tarde, eso sí, ¡siempre con una copa de buen vino y con mucho entusiasmo!

En esas conversaciones admiré siempre su disciplina para seguir aprendiendo. Paco se tomó en serio la filosofía del IMD según la cual somos lifelong learners, o estudiantes durante toda la vida. Puedo afirmar con seguridad que Paco es de las personas más preparadas y estudiosas que conozco. Esa sed de aprendizaje y su determinación lo llevó a conectar con George Kohlrieser y a convertirse, con el tiempo, en uno de sus *coaches* de confianza para su —muy famoso— curso de Liderazgo de Alto Desempeño (*High Performance Leadership*). Creo que fue aquí donde su disciplina y experiencia en el mundo empresarial y su pasión por la tecnología se encontraron cara a cara con una dimensión menos evidente, pero en la que nos debemos enfocar con más atención: el aspecto humano.

Estamos en una era apasionante. Los cambios tecnológicos que veremos en los próximos cinco a diez años serán mucho más profundos, significativos y revolucionarios que los que hemos vivido en los últimos cincuenta. El auge de la inteligencia artificial es, sin duda, el fenómeno que más disrupción causará en el mundo, y lo que hoy nos tiene con la boca abierta solo son los primeros pasos de una tecnología que va a transformar prácticamente todo lo que conocemos. No hay una reunión social o de trabajo en la que el tema no salga a flote. Todos estamos deslumbrados con lo que vemos, y nuestra capacidad no nos alcanza para imaginar lo que está por venir. Esto nos obliga a entender en profundidad esas tecnologías y, ante todo, nos obliga a incluir en los organismos de gobierno corporativo, equipos de dirección y juntas directivas de las empresas, a personas que entiendan estos fenómenos y nos ayuden a descifrar el futuro cercano. Pero estoy convencido de que el verdadero reto es otro. Sí, estamos deslumbrados con el potencial de todas estas nuevas tecnologías, pero es esa luz intensa lo que está desviando nuestra atención de lo verdaderamente importante: las personas, nosotros mismos, tú y yo.

Es imperativo recordar que el núcleo de cualquier progreso significativo sigue siendo intrínsicamente humano. En esta encrucijada, no podemos perder de vista a las personas, y debemos complementar la agenda tecnológica con una agenda humana. Todo mi trabajo como autor y conferenciante gira alrededor de la idea de crecer en virtudes para lograr el desempeño extraordinario, y ante esta realidad, la necesidad de desarrollar virtudes humanísticas se vuelve más importante que nunca. La era digital no solo demanda conocimientos técnicos y habilidades digitales, sino también virtudes humanas, como la resiliencia, la creatividad, la adaptabilidad y, sobre todo, la compasión.

En la era de las redes neuronales y la conectividad ininterrumpida, las reglas del juego han sido reescritas. Este libro no pretende ser un tratado definitivo, sino más bien un faro en medio de la tormenta digital, una reflexión que invita a forjar estrategias propias en un mundo donde la supervivencia y el éxito están entrelazados con la capacidad de adaptarse.

Con cada página, te invito a adentrarte en un universo donde la supervivencia no es solo una cuestión de resistencia, sino de transformación; donde la habilidad de comprenderte y liderarte a ti mismo se convierte en la clave maestra para navegar por las aguas de la actualidad.

FELIPE GÓMEZ
www.felipegomez.com

INTRODUCCIÓN

«El sentido de la vida es encontrar tu don;
el propósito de la vida es dar ese don a los demás».
Pablo Picasso

Allá por el año 2009 yo era lo que podría denominarse un ejecutivo de éxito. Era el responsable europeo de una empresa de consultoría en el sector de la automoción (posteriormente rebautizado como «sector de la movilidad»), con cerca de 250 personas a mi cargo repartidas por siete oficinas en Europa, Rusia e India. A pesar de la crisis que se había desatado en todo el mundo el año anterior, con el colapso de Lehman Brothers y las dificultades financieras del mercado inmobiliario de Estados Unidos, los resultados me acompañaban. Tenía un sueldo generoso y una familia unida y sana.

Me sentía, sin embargo, cansado y desmotivado. Y no era solo porque mi puesto me obligara a viajar con mucha frecuencia (en un año llegué a tomar ¡254 vuelos!). Era otra cosa: sentía que me faltaba algo. ¿En algún momento de tu vida has experimentado esa sensación de que todo va aparentemente bien pero te falta algo, que haces las cosas en automático y sin un propósito? Pues eso. Sentía que me faltaba sentido.

Seguramente no era ajeno a eso que llaman «la crisis de la mediana edad» o «la crisis de los 40» (tenía 41 en aquel momento). En cualquier caso, lo que se me ocurrió para recargar pilas fue cursar un programa de liderazgo. Busqué en el catálogo del *Institute for Management Development* (IMD), con sede en Lausana (Suiza), una de las mejores escuelas de negocios del mundo, aunque también de las más desconocidas. Encontré un programa de una semana de duración que se llamaba (sigue llamándose así) *High Performance Leadership*, algo así como «liderazgo de alto desempeño». Sonaba interesante, así que me lancé. La expectativa era dedicar unos días a reflexionar sobre mi liderazgo y quizá aprender algunos modelos que me fuesen útiles en el día a día. Pero aquella experiencia me dio mucho más: fue el inicio de un proceso de transformación que me convirtió en una persona diferente. Salí de allí sabiendo claramente quién quería ser y con el esbozo de un plan que me permitiría alcanzar ese objetivo.

No fue casualidad que pensara en el IMD ni que su programa resultara ser tan transformador. Los conocía porque ya había estudiado allí mi MBA unos años antes, concretamente en 2001. Se trata de un MBA muy exigente y al que es muy difícil acceder, con una ratio de candidatos-participantes en aquel momento de 10-1 (el de Harvard era de 5-1). La escuela fue elegida durante nueve años consecutivos por el *Financial Times* como la número uno del mundo en programas abiertos, es decir, los que no son másteres ni se hacen exclusivamente para una empresa.

El *High Performance Leadership,* o HPL, como se le suele conocer, era considerado uno de los mejores programas abiertos del mundo. Después de cursarlo puedo asegurar que, si hablamos de liderazgo, es indiscutiblemente el mejor, y lo digo con conocimiento de causa, pues he tenido la oportunidad de asistir a algunos programas muy buenos en Harvard y en INSEAD. ¿Qué lo hace tan especial? En primer lugar, que participan personas de todas partes del mundo con un elemento en común: todas son tremendamente exitosas. No en vano este es un programa caro y solamente pueden acceder profesionales con *seniority* dentro de las organizaciones. Y, en segundo lugar, la intensidad: en solo cinco días (de domingo a viernes) se trabaja en grupos reducidos, cada uno con un *coach*, y a nivel individual.

En aquella ocasión éramos unos 60 participantes. Recuerdo que nada más llegar nos preguntaron: «En un día normal, uno de esos días que se parecen a los demás, ni muy especial por malo ni por bueno, ¿cómo de feliz dirías que eres en una escala de 0 a 10? ¿Cuánto dirías que disfrutas de estar vivo?». Creo recordar que contesté entre un 6 y un 7. No podía decir que me faltase nada en concreto en la vida, pero no podía quitarme de encima aquella sensación de «meh». La media de las respuestas del resto de asistentes fue sorprendentemente baja, sobre todo teniendo en cuenta que hablamos de personas que habían conseguido todo lo que se habían propuesto en la vida y, en muchos casos, mucho más de lo que podían haber soñado.

Por cierto, ¿qué responderías tú? ¿Sientes que cada día es una experiencia maravillosa llena de retos y que estás rodeado/a de personas que te quieren y a las que quieres? ¿Te falta «algo»? ¿Cómo puntuarías tu grado de felicidad de 1 a 10?

Aquella semana de 2009 me removió completamente los cimientos. Y su continuación, el *Advanced HPL* que hice en 2010, me dio el impulso definitivo que necesitaba para cambiar. Decidí que el desarrollo de las personas, de su potencial, sería una de las áreas a las que dedicaría una parte importante de mi vida. Para ello me formé como *coach* ejecutivo con la ICF e hice un posgrado sobre neurociencia con el Neuroleadership Institute. Quería entender a fondo qué mecanismos habían entrado en juego para que yo pudiese cambiar mi mentalidad y mi enfoque profesional y vital.

Unos años después, en 2013, empecé a trabajar como *coach* en el HPL, el programa donde empezó mi transformación, lo cual es una gran fortuna y un honor, pues he aprendido muchísimo sobre la capacidad de los seres humanos para sobreponernos a las dificultades más extremas y ser capaces de brillar. Justamente de esto, de cómo sobreponernos a los retos que nos plantea la Era Digital y cómo brillar en ella va justamente este libro. Un libro pensado para las personas a las que les gustaría encontrar esa mejor versión de sí mismas que hasta ahora se ha resistido a salir. Y para aquellas que no quieren quedarse atrás en este mundo digital que todo lo cambia, y desean, además, tener un impacto positivo a su alrededor.

El libro, que parte de la premisa de que se puede cambiar a cualquier edad (incluso aspectos de la personalidad que pensábamos que eran inmutables) se organiza en cinco partes.

En la primera veremos cómo la revolución digital ha cambiado el mundo en las últimas décadas y sigue haciéndolo cada día. Es el gran cambio que vivimos a nuestro alrededor, como personas y como profesionales.

La segunda está dedicada a analizar cómo cambiamos los seres humanos. Aprovecharemos los últimos conocimientos en Neurociencia para entender por qué somos como somos y cómo podemos modificar la forma en la que vemos el mundo, la forma en que nos vemos a nosotros mismos y la forma de actuar respecto a los demás.

La tercera es una invitación a tomar las riendas de nuestra vida y de nuestro cambio, a autoliderarnos y adquirir los hábitos necesarios para afrontar con éxito la Era Digital.

Por último, en la cuarta y quinta partes veremos cómo podemos impulsar y favorecer el cambio a nuestro alrededor, liderando equipos y transformando organizaciones.

¡Bienvenido/a a este apasionante viaje!

1
UN MUNDO DIGITAL

UN CAMBIO DE ERA

«El cambio nunca ha sido tan rápido. El cambio nunca
volverá a ser tan lento».
Gordon Moore, co-fundador de Intel

«No estamos en una era de cambios, sino en un cambio de era». Este es uno de los mantras más repetidos en los últimos tiempos. Y, además, es verdad. Más allá del inteligente juego de palabras, es una afirmación totalmente ajustada a la realidad.

Estamos en uno de esos momentos de la historia que marcan un antes y un después. Un momento de CAMBIO, con mayúscula en todas las letras. Puedes decirme que el cambio ha existido siempre, que la historia de la humanidad es un constante proceso de cambio. Cierto. Pero nunca se había producido a la velocidad a la que se está produciendo en las últimas tres o cuatro décadas, y nunca había afectado a un porcentaje tan elevado de la población mundial al mismo tiempo.

Klaus Schwab, fundador del Foro Económico Mundial, habla de Cuarta Revolución Industrial o Industria 4.0. La Primera Revolución Industrial surgió en el siglo XVIII y estuvo asociada a la máquina de vapor y a fuentes de energía como el carbón, que promovieron el cambio de una economía basada en la agricultura a otra donde la industria ganó peso.

La Segunda se produjo a finales del siglo XIX y tuvo como protagonistas la electricidad y el petróleo, nuevas fuentes de energía que ayudaron a la automatización en las fábricas. La capacidad de producir en masa se convirtió en una realidad.

La Tercera se produjo ya en el siglo XX y surgió de la llamada Sociedad de la Información. El uso masivo de ordenadores y el nacimiento de Internet fueron esta vez los protagonistas, junto con las energías renovables.

Esta Cuarta Revolución Industrial, en la que según Schwab y otros economistas nos encontramos actualmente, viene marcada por la digitalización de productos y servicios, la disponibilidad de información y datos casi sin límites, la inteligencia artificial como mecanismo para sacarle jugo a esos datos, la robótica, la sustitución de las industrias por ecosistemas, etc. Es una nueva revolución en la que apenas estamos entrando. Se podría decir que apenas hemos arañado la superficie de los cambios que están por venir.

La base de todos los cambios que estamos viviendo en las últimas décadas es la digitalización, un proceso que se extiende a un ritmo endiablado. Los que tenemos cierta edad recordamos cómo en la década de los 90 (o sea, ayer mismo, si tomamos como referencia la historia de la humanidad) nos parecía una maravilla poder acceder mediante internet a páginas estáticas y con un contenido fundamentalmente en texto. Lo hacíamos a través de módems que conectábamos a la línea telefónica que hacían un ruido característico, parecido a un rugido con pitidos intercalados, a un coste muy alto y a velocidades que hoy nos parecerían ridículas. Si también tienes una edad, seguramente recordarás o al menos te sonarán nombres como Altavista, Yahoo o Terra, los buscadores a los que recurríamos para encontrar páginas web categorizadas antes de la llegada de Google, que por supuesto lo cambió todo (volveremos a Google más adelante).

En aquel momento internet podía haberse quedado como un recurso tecnológico para unos pocos, como lo había sido durante años, cuando se utilizaba únicamente en contextos militares y académicos. Pero su potencial transformador era demasiado grande para quedar tan confinado, como vio claramente el por entonces vicepresidente de Estados Unidos, Al Gore, que en un discurso de 1994 se expresaba así: «¿Cómo puede el gobierno garantizar que el incipiente internet permite que todo el mundo compita por la oportunidad de prestar un servicio a clientes que lo necesitan? Después, ¿cómo podemos asegurarnos de que este nuevo mercado cubre la totalidad del país? Y, por último, ¿cómo podemos garantizar que satisface el enorme potencial que alberga para la educación, el crecimiento económico y la creación de empleo?». Gore entendió que internet podía, y debía, ser una fuerza de cambio que mejorase la vida de las personas en todo el mundo.

Tras aquella internet básica llegaron la llamada Web 2.0 y las redes sociales. En este nuevo contexto, los usuarios pasamos a ser generadores de una parte importante del contenido. Las telecomunicaciones evolucionaron y las imágenes empezaron a tener cada vez más protagonismo. Internet se democratizó e invadió todos los espacios, tanto los de trabajo como los de ocio.

No es la intención de este libro hacer un repaso exhaustivo de los avances que ha traído la revolución digital de las últimas décadas, tan solo de apuntar algunos hitos. Uno de ellos, ya en el año 2007, fue el lanzamiento del primer iPhone de Apple, el dispositivo que hizo que comenzase la locura de los *smartphones*. Ya existían modelos básicos de Nokia o Blackberry que permitían un acceso a internet incómodo y primitivo, pero la empresa de Steve Jobs cambió realmente nuestra forma de comunicarnos. El gran visionario facilitó que pudiéramos llevar en el bolsillo internet, el correo, la cámara de fotos, nuestra música preferida, etc. Del mismo modo, Google cambió el acceso a la información y Facebook (ahora Meta) la forma de relacionarnos. Todo ello, claro, gracias a las sucesivas mejoras en las redes de telecomunicaciones, en la capacidad de procesamiento de los chips y en la capacidad de almacenamiento de información, las tres piezas clave que han permitido que las propuestas de valor que se ofrecían a través de internet tuvieran el éxito que han tenido.

Y la evolución sigue, por supuesto. Estamos ahora entrando en lo que se conoce como Web 3.0, un nuevo concepto donde las conexiones están más descentralizadas y donde la Inteligencia Artificial (IA), el *blockchain* y otros avances están cambiando nuevamente las reglas del juego.

Y EL MUNDO NUNCA FUE EL MISMO

«It's the end of the world as we know it, and I feel fine». («Es el fin del mundo tal como lo conocemos, y me siento bien»). De la canción *It's the end of the world*, de R.E.M. (1987)

El mundo ha cambiado para siempre. Las relaciones sociales han cambiado radicalmente. Los jóvenes hacen amigos o definen su lugar en el mundo a través de la red social de turno. Y no solo los jóvenes: todos, especialmente después de la covid-19, nos hemos lanzado, con más o menos entusiasmo, a la comunicación *online*. Si en algo coincidimos todas las generaciones que convivimos actualmente es que cada uno tenemos móvil y lo usamos a todas horas. En esto no hay diferencia entre un adolescente y sus abuelos. De hecho, no es infrecuente ver a los nietos ayudando a los abuelos a utilizar el móvil.

Las relaciones profesionales también han sufrido cambios esenciales. Por un lado en lo formal: donde antes había llamadas, ahora tenemos *emails* y mensajes de texto; donde antes predominaban las reuniones presenciales, ahora lo hacen Teams, Meet o Zoom. Por otro, aparecen cada día nuevas profesiones que requieren de nuevas *skills*, a veces en sectores económicos que ni siquiera existían un año antes. En el lado opuesto, otras profesiones y otros sectores económicos prácticamente desaparecen o se tienen que transformar.

El mundo es más global que nunca. Ahora, casi cualquier empresa puede competir por conseguir negocio en casi cualquier país. Esto hace, por otra parte, que todas se enfrenten también a una competencia que no existía anteriormente.

Por otro lado, algunas grandes empresas han transformado o destruido sectores enteros. El profesor Michael Wade las denomina *value vampires (vampiros del valor)*. Son empresas que ofrecen de modo gratuito lo que antes se cobraba. WhatsApp hizo que ya no se pudiese cobrar por los SMS; Google o Apple han hecho que ya no compremos herramientas de navegación o mapas en papel para ir de un sitio a otro; Apple y Samsung, entre otros, han hecho que ya no se vendan cámaras fotográficas; Airbnb o Booking, entre otros, le han quitado gran parte del trabajo a las agencias de viajes, etc.

Hay un modelo de empresa que ha crecido como ningún otro, las llamadas *plataformas tecnológicas* o *negocios de plataformas*. Venimos de un modelo económico organizado a través de industrias que convertían un bien o servicio básico en algo de valor añadido para un cliente siguiendo una cadena conectada a ese bien o servicio. Por ejemplo, en la industria de la automoción, donde pasé más de 20 años de mi carrera, una serie de proveedores fabrican componentes que son ensamblados por unas marcas de vehículos que los comercializan a través de una red de concesionarios. Las empresas como VW, Toyota, Renault, Seat, Ford o General Motors competían entre ellas por un negocio muy definido. El mundo digital ha hecho que se difuminen las fronteras entre la industria de la automoción y algo que podemos llamar *ecosistema de la movilidad*, en el que operan empresas nuevas como las de alquiler por minutos de coches, motos o patinetes, el transporte público, etc. Piensa en una empresa como Amazon. ¿A qué industria crees que pertenece? Sí, empezó vendiendo libros, pero luego pasó a vender de todo. Más adelante se convirtió en un mercado donde también otros pueden vender. Actualmente es, además, uno de los principales proveedores de servicios de *clouding* (almacenaje y computación remotos) del mundo y está en el sector del entretenimiento con Amazon Prime. Amazon es el arquetipo del negocio de plataformas. Cerca del 60% del comercio electrónico mundial se canaliza ahora a través de estas plataformas en lugar de hacerlo a través de las tiendas propias de las marcas.

Las relaciones laborales también han cambiado. Muchas profesiones están siendo sustituidas por ordenadores o por robots, y pronto otras desaparecerán o se transformarán debido a la inteligencia artificial. Por otra parte, aparecen nuevas profesiones que eran inimaginables hace unos años y cada vez hay más demanda de talento digital. Por tanto, hay amenazas por un lado y oportunidades por otro, como se desprendería de un sencillo análisis DAFO.

La profesión para toda la vida es una cosa del pasado, y mucho más lo del puesto de trabajo para toda la vida en la misma empresa. A cambio, existen modelos de relación laboral más flexibles que permiten un mejor equilibrio entre la vida profesional y personal.

Otro ámbito en el que el mundo ha dado un giro radical es el del consumo. La posibilidad de comprar *online* ha revolucionado la forma en que consumimos y lo que consideramos un buen servicio. Todo es ahora más rápido, incluso inmediato. ¡Lo queremos todo ya! ¿Cómo te sientes, por ejemplo, cuando compras algo *online* y te dicen que te llegará en dos semanas? Estamos en la era de la inmediatez. Si una página web tarda más de dos segundos en cargarse o un chat no nos responde al momento, nos vamos a otro sitio.

También ha cambiado radicalmente el marketing, que ya no se hace en los canales tradicionales. Ahora la batalla por captar la atención de los consumidores se libra en los buscadores y en las redes sociales, con sus *influencers* y sus comunidades. Ya no nos fiamos de lo que nos dicen las marcas, sino de lo que nos dicen otros usuarios.

«La profesión para toda la vida es una cosa del pasado, y mucho más lo del puesto de trabajo para toda la vida en la misma empresa.
A cambio, existen modelos de relación laboral más flexibles que permiten un mejor equilibrio entre la vida profesional y personal».

LA PUNTA DEL ICEBERG

«Siempre sobreestimamos el cambio que ocurrirá en los próximos dos años, e infraestimamos el cambio que ocurrirá en los próximos diez».
Bill Gates

Todos los cambios descritos en los dos capítulos anteriores, y muchos otros que por una cuestión de espacio no recojo aquí, están teniendo un gran impacto en nuestras vidas. Un impacto que, desde mi punto de vista, tiene mucho más de positivo que de negativo. Y eso que hasta ahora solo hemos visto la punta del iceberg. Hay mucho más a la vuelta de la esquina:

Vehículo autónomo

No va a implantarse en todo el mundo a la misma velocidad, igual que otras innovaciones de la Era Digital, pero nadie duda de que va a llegar. La cuestión es: ¿cuándo? Los expertos no se ponen de acuerdo. La tecnología ya existe y los vehículos autónomos ya funcionan en entornos reales, pero hay dudas sobre la regulación y las infraestructuras necesarias para que sean seguros tanto para viajeros como para peatones. Lo que está claro es que, cuando se implante, afectará a un montón de sectores o industrias:

Automoción	Nuevos modelos de coche con nuevas tecnologías
Taxi	No necesidad de conductor
Seguros	Siniestralidad muy reducida
Entretenimiento	Horas disponibles mientras viajamos
Construcción	Posibilidad de vivir en lugares más alejados
Transporte	No necesidad de camioneros y transportistas en algún caso
Líneas aéreas	Posibilidad de hacer viajes largos en un vehículo autónomo
Infraestructuras	Necesidad de adaptarlas a estos vehículos
Seguridad pública	Menos infracciones, menos control, menos personal
Autoescuelas	No hará falta aprender a conducir
Restauración	Servicios de restauración en el coche
Comercio	Compras y recogidas automáticas
Reparación vehículos	Reparaciones más complejas
Aparcamientos	Menos necesarios

Tecnologías en el mundo de la salud

Lograr que la esperanza de vida supere, de promedio, los 100 años, ha dejado de ser una entelequia para convertirse en una posibilidad no muy lejana. Empresas como Altos Labs han contratado a algunos de los mejores científicos del mundo, con el apoyo financiero de personas como Jeff Bezos, el fundador de Amazon, con el objetivo de entender el proceso de envejecimiento de las células y encontrar formas de revertirlo. Calico Labs, otra de esas empresas, persigue el mismo objetivo y cuenta con el apoyo, entre otros, de Larry Page, co-fundador de Google.

La aspiración del ser humano de ser inmortal está muy bien explicada en *Homo Deus*, el gran éxito editorial de Yuval Noah Harari

(Ed. Debate, 2016). No sabemos si lo lograremos (y surge la duda de si es deseable), pero no cabe duda de que la capacidad de colaboración a nivel internacional, los fondos invertidos en esta causa y los avances tecnológicos en nanotecnología van a llevar a las futuras generaciones a vivir mucho más que las anteriores (¡si no nos cargamos el planeta antes, claro!). Esto, a su vez, cambiará muchos paradigmas actuales, como la duración de la vida laboral (puede pasar de 40 a 80 años) o la duración de las relaciones.

Inteligencia artificial (IA)

En el momento de escribir esto, un producto de IA llamado ChatGTP está extendiéndose entre la población general, maravillando a algunos y horrorizando a otros. ¡Y solo es la primera versión! Pronto esta tecnología alcanzará lo que se conoce como *singularidad tecnológica*, un punto de evolución de la tecnología que permitirá que unos ordenadores sean capaces de crear otros ordenadores mejores que ellos mismos. De esta forma, podrán ir mejorando su aprendizaje e inteligencia hasta superar la capacidad humana (de hecho, ya la supera en algunos aspectos, como la memoria y la capacidad de procesar datos). Esto tendrá (de hecho, ya está teniendo) consecuencias sobre todas nuestras actividades cotidianas, tanto a nivel profesional como personal.

La IA está todavía en su infancia. Los algoritmos son, por lo general, muy básicos, y el arraigo de procesos avanzados de IA en la mayoría de las empresas es bajo. Los datos que sirven para entrenar los algoritmos están todavía poco desarrollados, pero con la mejora de los datos se multiplicará la capacidad de impacto de la IA.

La IA, como la Fuerza en *La guerra de las galaxias*, tiene un lado oscuro que todavía tenemos que explorar y seguramente regular. Hoy en día es capaz, por ejemplo, de crear imágenes de personas que no existen.

También puede hacer que un vídeo nuestro diga algo que nunca hemos dicho, o revivir a una persona fallecida y hacer que hable. Esto abre una puerta peligrosa, pues cualquiera podría hacerse pasar por otra persona o reemplazar su identidad.

Energía sin fin

Otro gran cambio que se avecina, quizás el que puede tener mayores consecuencias, es el relacionado con la generación de energía. La sostenibilidad del planeta es uno de los temas candentes y la aparición de la fusión nuclear como opción factible podría cambiar la imagen que tenemos del futuro.

El 13 de diciembre de 2022, por primera vez en la historia, los científicos del Laboratorio Nacional Lawrence Livermore de California consiguieron producir más energía de la que consumía la reacción: una ganancia neta de 1,5 megajulios en menos tiempo del que tarda la luz en recorrer una pulgada. Para ello tuvieron que concentrar 192 láseres sobre un objetivo no mayor que un grano de pimienta y lo calentaron a más de 3 millones de grados centígrados, simulando brevemente las condiciones que se darían en una estrella (más en concreto, en nuestro Sol).

Los retos tecnológicos para hacer que esta oportunidad se pueda utilizar a escala son todavía mayúsculos, pero la historia de la humanidad está plagada de retos que parecían insolubles.

«Hasta ahora solo hemos visto la punta del iceberg. Hay mucho más a la vuelta de la esquina».

EL CAMBIO EXPONENCIAL

«Una de las grandes carencias
de la especie humana es su incapacidad
para entender la función exponencial».
Albert Allen Bartlett (1969)

El valor, definido como algo que nos aporta satisfacción o que tiene una valía económica, cada vez está más conectado a los datos y la información. Por ejemplo, antes de comprar un coche nos informamos de todos los detalles de este, vemos comparativas con modelos similares, leemos las opiniones de usuarios, vemos la publicidad con el tenista de turno, etc. Solo entonces vamos a un concesionario y hacemos una transacción que estaba decidida de antemano. O lo compramos *online*, si es posible hacerlo con ese modelo, algo ya habitual para otros tipos de transacciones, como comprar billetes de avión, reservar un alojamiento o hacer la compra semanal en el súper.

En un mundo digital, los datos, que son los elementos en los que se basa la creación de valor, pueden fluir casi libremente y a una velocidad cercana a la de la luz. Cuando alguien encuentra algo valioso, muchas personas en distintas partes del mundo lo saben pronto y quieren utilizarlo. Es lo que ha sucedido a principios de la década de 2020 con la red social Tiktok, Zoom o el ya mencionado ChatGTP. Todos estos servicios han logrado cientos de millones de usuarios en mucho menos tiempo de lo que lo hicieron Google, Facebook, Instagram o WhatsApp. El crecimiento en el número de usuarios cuando una herramienta digital tiene gran acogida es cada vez más rápido. O sea, es «exponencial».

El cambio exponencial, por contraposición al cambio lineal, es característico de la Era Digital. Podemos ver representada la diferencia entre ambos tipos de cambio en un simple gráfico:

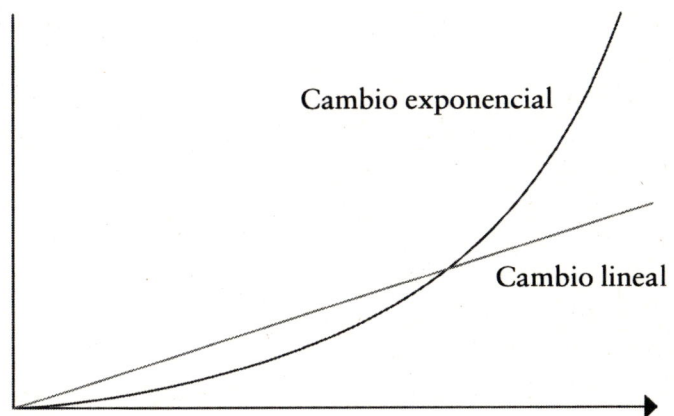

El cambio exponencial (línea curva) puede ser más lento al principio que el lineal (línea recta), pero cuando «arranca» crece en mucho menos tiempo. También ha sucedido esto con el Bitcoin y otras criptomonedas, aunque en este caso todavía no está claro que sean innovaciones que hayan venido para quedarse, como sí lo es la tecnología en la que se basan, el blockchain o cadena de bloques.

Un sencillo ejemplo puede ayudarnos a entender fácilmente la idea de la exponencialidad. Imagina que empiezas a caminar y cada paso que das avanzas un metro. En una progresión lineal, tras el primer paso avanzas 1 metro, tras el segundo, 2 metros, y así sucesivamente hasta que, después de 30 pasos, avanzas 30 metros. En una progresión exponencial, en cambio, cada paso duplica la distancia recorrida en el paso anterior: el primer paso es de 1 metro, el segundo, de 2 metros, el tercero, de 4 metros, el cuarto, de 8 metros, etc. Así, tras el primer paso recorres 1 metro, tras el segundo paso recorres 3 metros, tras el tercero, 7 metros, etc. Si sigues con el cálculo, verás que después de dar 30 pasos habrás recorrido... ¡más de 1.000 millones de metros! O sea, el equivalente a darle la vuelta completa a la Tierra más de 26 veces.

Algunos autores sostienen que todo lo que está basado en datos y tiene algún valor para un alto número de personas (económico o experiencial), sufrirá antes o después una disrupción de tipo exponencial. Esto puede afectar a las empresas actuales de cualquier sector, pues en el momento en que otra empresa (quizás una que ni siquiera exista en nuestro sector y que no tengamos identificada como competencia), encuentre una fórmula que haga que nuestros clientes actuales reciban algo que ahora no reciben y que tenga un valor importante para ellos, el trasvase de clientes a este nuevo competidor será rápido. Si te fijas en la imagen anterior, las propuestas de valor que tienen el potencial de convertirse en exponenciales, durante mucho tiempo puede que aparezcan como poco viables o peores que las alternativas existentes hasta ahora, pero cuando empiezan a crecer lo hacen con muchísima más facilidad y velocidad. Muchas de esas propuestas de valor no llegan a materializarse, pero cuando lo consiguen pueden cambiar industrias en su totalidad.

Piensa en la movilidad. Hasta ahora, la mayoría de las empresas de sectores tradicionales como el de automoción no se tomaban en serio las soluciones de movilidad como el *car sharing* porque ninguna empresa había conseguido obtener una rentabilidad aceptable. Por otra parte, los usuarios no confiaban en ellas porque temían no poder encontrar su modo de locomoción cuando lo necesitaran. Pero comprar un coche es caro y la mayor parte del tiempo está aparcado. Además, en las ciudades hay restricciones al movimiento y es cada vez más difícil estacionar. Por tanto, ha llegado un momento en que las nuevas soluciones a la movilidad (vehículos compartidos, pago por uso, etc.) han empezado a explotar y han cambiado radicalmente sectores enteros, como el de la automoción.

Por consiguiente, no solo estamos en una era de cambios y en un cambio de era, sino en una era de cambios exponenciales. ¿Estamos preparados para afrontarla sin morir en el intento?

Esta es la gran pregunta que trataremos de responder en el siguiente capítulo.

«En un mundo digital,
los datos, que son los
elementos en los que
se basa la creación
de valor, pueden fluir
casi libremente y a una
velocidad cercana
a la de la luz».

NADIE QUIERE SER UN DINOSAURIO

«Los dinosaurios desaparecieron porque no pudieron adaptarse a su entorno cambiante. Nosotros desapareceremos si no nos podemos adaptar a un entorno que ahora contiene naves espaciales, ordenadores… y armas termonucleares».
Arthur C. Clarke

Hace unos 65 millones de años, un meteorito de 11 kilómetros de diámetro colisionó con la Tierra y creó el cráter de Chicxulub, en México. El impacto provocó olas gigantescas, seguidas de una lluvia de arena vitrificada, incendios por doquier y una especie de invierno nuclear que afectó al planeta durante miles de años. La desaparición de los dinosaurios está conectada con este evento. Eran animales demasiado grandes y vieron sus fuentes de alimentación menguadas. Su escasa adaptabilidad y sus dificultades para reproducirse hicieron el resto.

Todos conocemos personas en nuestro entorno que se resisten al cambio, incluso que ven con malos ojos cualquier novedad o innovación. A veces nos referimos a ellos, medio cariñosamente, como «dinosaurios». Una referencia que, salvando las distancias, quizás no sea del todo desacertada. El problema es que vivimos en el momento de más cambios de toda la historia de la humanidad, como hemos visto en los capítulos anteriores. Esto no pone en peligro, literalmente hablando, la supervivencia de aquellos que se resisten a cambiar, pero sí su existencia como personas integradas en una sociedad que se sienten relevantes y miran al futuro con ilusión en lugar de hacerlo con miedo.

Por supuesto, nadie quiere ser un dinosaurio. Cuando actuamos como si lo fuéramos es porque alguna razón más o menos profunda nos hace resistirnos al cambio. Vamos a explorar esas resistencias y ver si realmente estamos preparados para tantos cambios.

Entrando en materia, lo primero a tener en cuenta es que la principal resistencia al cambio es el miedo. Para muchos de nosotros, el mundo en el que vivimos es una fuente constante de ansiedad. En la mayoría de los casos, sabemos que nuestro puesto de trabajo no está garantizado y nos preocupa nuestro futuro y el de nuestros hijos. Además, cada día sufrimos un bombardeo permanente de noticias que no invitan precisamente al optimismo. En cuanto a los más jóvenes, sienten la presión de tener una vida ideal como la de esos *influencers* a los que siguen. Tienen claro también que no quieren el estilo de vida de sus padres, siempre trabajando y siempre quejándose del «curro». Quieren trabajar con un propósito y pocas empresas se lo ofrecen de verdad; quieren tener trabajos relevantes pronto, pero las empresas les obligan a recorrer una «travesía del desierto» hasta darles una buena oportunidad.

No obstante, si tomamos datos objetivos, nunca en la historia de la humanidad hemos estado tan bien como ahora. ¿Sabías que nunca ha habido menos muertes violentas en el mundo que ahora y que la mortalidad infantil nunca ha sido tan baja ni la alfabetización tan alta? Hans Rosling lo cuenta maravillosamente en su libro *Factfulness*,[1] donde apunta: «Crearte una imagen del mundo basada solo en lo que lees o ves en la prensa o en internet sería como hacerte una imagen sobre ti mirando solamente una fotografía de tu pie».

¿Por qué, entonces, dedicamos tanta energía todos los días a preocuparnos? Gran parte de la respuesta está en que nuestro equipamiento de fábrica, el cerebro, no fue diseñado para una época de cambios tan continuos y rápidos como la actual. Fíjate en la siguiente ilustración.

---

1. En el apartado Bibliografía encontrarás el detalle de este y del resto de los libros que iré mencionando, además de otros que pueden ayudarte a ampliar la información aquí contenida, si así lo deseas.

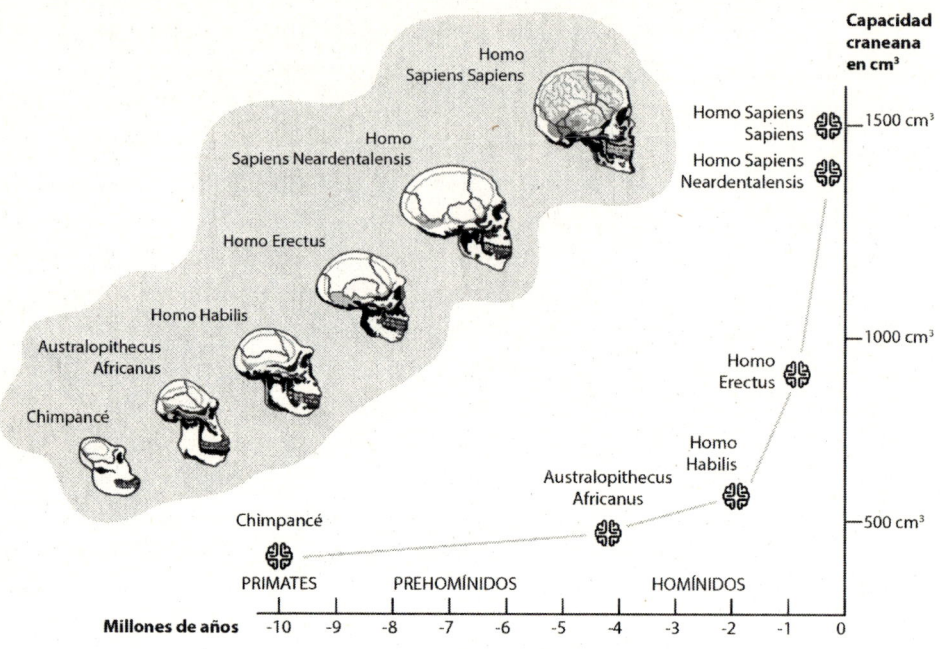

Como puedes ver, el tamaño de nuestro cerebro ha ido aumentando en los últimos 10 millones de años. Durante 8 millones de años aumentó muy poco, pero en los últimos 2 casi se ha triplicado. La causa principal está en cambios genéticos aleatorios que han dado ventaja a algunos especímenes frente a otros. En concreto, nos han dado ventaja a nosotros, los Homo sapiens sapiens.

Ahora bien, si te fijas verás que nuestro cerebro no es mucho mayor que el de un Neandertal. Aunque este es un espécimen ya extinguido y que solemos asociar con un nivel de desarrollo muy inferior al nuestro, no se puede decir que nuestro cerebro sea mejor en tamaño y estructura. En otras palabras: el equipamiento que tenemos entre las orejas no está diseñado para vivir en la Era Digital, sino en las cavernas o la sabana, donde la existencia estaba sometida a pocos cambios y donde las relaciones sociales eran muy sencillas y el lenguaje muy básico. Nuestro cerebro está programado básicamente para sobrevivir como sea, reproducirse y vivir 25 o 30 años, no 80 o más, como ahora (de los cuales, por cierto, nos pasamos trabajando 50).

Con esta «maquinaria» tenemos que enfrentarnos a un mundo de cambio exponencial, a un cambio de era que se está produciendo a una velocidad de vértigo. Nuestra mejor alimentación y estimulación hacen, sin duda, que nuestros cerebros saquen mucho más partido del que sacaban nuestros antepasados, pero, en esencia, biológicamente, no estamos diseñados para vivir con naturalidad tantos cambios ni durante una vida tan larga.

¿Significa esto que estamos perdidos y vamos de cabeza a la extinción, como los dinosaurios?

¡No, en absoluto!

Tenemos una gran capacidad para aprender y sobreponernos. Y esa es la capacidad que necesitamos ejercitar para sobrevivir en este cambio de era.

Para hacerlo, lo primero que debemos hacer es entender cómo funciona nuestro cerebro.

«Nuestro equipamiento de fábrica, el cerebro, no fue diseñado para una época de cambios tan continuos y rápidos como la actual».

2
EL MOMENTO
DE LA VERDAD

NO QUEDARTE ATRÁS

«La mejor forma de predecir el futuro es crearlo».
Peter Drucker

Si estás leyendo estas líneas es muy probable que te preocupe la posibilidad de quedarte atrás. Si es así, enhorabuena. El primer requisito para poder resolver un problema es, generalmente, reconocer que ese problema existe. Si eres consciente de que no ves el futuro con el optimismo que te gustaría, cumples el primer requisito necesario para salir de ese estado.

Hemos visto en la primera parte del libro que vivimos en un mundo digital en proceso de cambio permanente. El período de estabilidad que en Europa Occidental siguió a la Segunda Guerra Mundial ya es historia. Durante ese período se alcanzaron grandes avances en lo que se llama «estado del bienestar» y las personas podían confiar, entre otras cosas, en que un puesto de trabajo en una empresa les durara toda la vida. Pero el cambio digital está transformando drásticamente este escenario.

Mi experiencia de colaboración con cientos de organizaciones se resume en que a la mayoría les está costando mantener su competitividad. En ocasiones es por tener plantillas sobredimensionadas que cuesta ajustar, en parte por los costes que trae asociados y en parte porque no se han modernizado muchos de los procesos que siguen requiriendo trabajo manual. La falta de talento digital, las insuficientes inversiones para modernizarse, las restricciones regulatorias, los mercados que desaparecen y son sustituidos por otros, los nuevos competidores y las nuevas generaciones de consumidores jóvenes con gustos y hábitos diferentes son algunas de las presiones a las que se ven sometidas las empresas. Y esto, como hemos visto, es apenas la superficie de los cambios que vienen, por lo que esa presión no se va a reducir previsiblemente en el futuro.

Y a ti, ¿cómo te va a encontrar el cambio cuando llegue el momento de la verdad? ¿Cómo de preparado/a estarás cuando lo que hasta ahora ha sido estable deje de serlo? ¿Crees que te quedarás atrás o que podrás seguir avanzando y siendo relevante?

Hay quien cree que, dado que el cambio no depende de lo que hagamos a nivel individual, lo mejor que podemos hacer es sentarnos a esperar y ver qué pasa. Quizás hayas oído hablar de la expresión «cisne negro», acuñada por Nassim Nicholas Taleb en su libro del mismo título, que se refiere a los eventos imprevisibles que tienen un impacto muy alto y que, como los cisnes negros, son infrecuentes. Son eventos que están fuera de nuestro control y, por tanto, no hay nada que podamos hacer para prepararnos. De alguna manera, nos eximen de la responsabilidad de no haber tenido los planes adecuados en marcha. Por ejemplo, un terremoto en una zona de alta actividad sísmica no es un cisne negro, pero si ese terremoto se combina con un conjunto de factores desfavorables muy improbables que hacen que se genere un tsunami como no se ha visto en la historia reciente, entonces sí estamos hablando de un cisne negro (como ocurrió en Asia en los primeros años de este milenio). Los atentados del 11 de septiembre de 2001 en Nueva York o el atentado que llevó al comienzo de la Primera Guerra Mundial también se consideran cisnes negros. Ahora bien, también existen los «elefantes negros», que son esas amenazas que todos sabemos que están ahí (se ven claramente, de ahí lo de «elefante») pero que preferimos ignorar porque no sabemos exactamente cuándo nos van a golpear o porque es demasiado complejo prepararse. Los sistemas de pensiones en muchos países europeos estarían en esta categoría: todo el mundo sabe que con los datos demográficos que tenemos el sistema es insostenible, pero nadie quiere ponerle el cascabel al gato. La pandemia de la covid-19 fue otro elefante negro: había documentales e informes que avisaban de que se produciría algo así, pero la indefinición de cuándo sucedería hizo que no estuviese en la lista de prioridades de ningún gobierno.

Los cambios derivados de la digitalización, como la influencia de la Inteligencia Artificial sobre el mercado laboral, no son un cisne negro, sino un gran elefante que tenemos ya sentado sobre nuestra falda. No podemos ignorarlos. O, usando otro paralelismo animal, no podemos enterrar la cabeza en el suelo como los avestruces para no ver el peligro (algo que, por cierto, no hacen los avestruces, dicho sea como nota anecdótica). En cualquier caso, todo lo que hemos visto en la primera parte del libro tiene el potencial de convertirse en un elefante negro para ti. Son hechos que seguramente ya conocías (y que probablemente te han llevado a leer este libro), pero a los que hasta ahora no has dedicado suficiente atención.

Es justo lo que le pasa a Hans, un amigo que tras 28 años de dedicación absoluta a su empresa fue despedido porque el nuevo CEO que la compañía había contratado quería su propio equipo. Meses después seguía enfadado y frustrado por lo que había ocurrido, buscando culpables por doquier y quejándose de la dificultad de encontrar un nuevo trabajo, lo cual se debía en parte a la propia dificultad de la tarea y en parte a que su frustración le impedía conectar con las oportunidades que aparecían. Durante años había disfrutado de un puesto privilegiado que se había ganado con creces, pero se había olvidado de mantenerse al día.

Otro amigo, Miguel, salió de la empresa en la que llevaba 20 años, una de las más importantes de España, por un expediente de regulación de empleo. Recibió una buena indemnización, pero todavía le faltaban cerca de 20 años para la jubilación. Miguel era un profesional tremendamente competente en su sector y, como tantos otros, pensó que estaba a salvo y no se preparó ni evolucionó.

Seguramente conoces a personas, quizás en tu propia empresa o en tu entorno inmediato, que se han encontrado buscando trabajo de manera inesperada porque no creían que su puesto estuviese en peligro, como en estos ejemplos que te he contado. Se trata, en ambos, de personas que habían superado los 45 años, pero el reto al que nos enfrentamos es igualmente importante para la gente más joven. Por un lado, los jóvenes que no están recibiendo estudios superiores probablemente se enfrenten a un mercado laboral en el que tendrán que trabajar en puestos de baja calificación y compensación. Por otro lado, los jóvenes que tienen la posibilidad de estudiar se encuentran con que muchas de las posiciones que serán más demandadas en el futuro todavía no existen.

Sea cual sea tu situación, es importante que entiendas que ha llegado el momento de la verdad y que serán muy pocas las personas que no tengan que evolucionar a lo largo de los próximos años o décadas. Este es uno de los mensajes clave de este libro: te vas a tener que reinventar muchas veces. De hecho, es algo que hacemos casi sin darnos cuenta: nos reinventamos muchas veces a medida que vamos cumpliendo años para adaptarnos (lo veremos en breve, cuando hablemos de las «autopistas neuronales» de nuestro cerebro y cómo cambiarlas).

Exploremos qué podemos hacer para que reinventarnos sea una de nuestras cualidades más destacadas.

«Y a ti, ¿cómo te va a encontrar el cambio cuando llegue el momento de la verdad? ¿Cómo de preparado/a estarás cuando lo que hasta ahora ha sido estable deje de serlo?».

MENTALIDAD DE CRECIMIENTO

«El mayor peligro para la mayoría de nosotros no radica en establecer unos objetivos demasiado altos y fracasar, sino en establecer unos objetivos demasiado bajos y lograrlos».
Miguel Ángel

En su libro *Mindset. La actitud del éxito*, Carol Dweck popularizó el concepto «mentalidad de crecimiento» (*«growth mindset»* en inglés) en oposición al de «mentalidad fija». La premisa es muy sencilla: las personas se dividen entre aquellas que creen que pueden ser mejores en cualquier cosa a la que dediquen su esfuerzo y atención (crecimiento), y aquellas que creen que el talento es algo que se tiene o no se tiene, de manera que dedicar esfuerzo a algo para lo que uno no tiene talento no dará lugar a mejoras significativas (fijas). ¿Con qué grupo te identificas más?

Según Dweck, solamente el 40% de las personas tienen una mentalidad de crecimiento. Una de las razones principales estriba en los sistemas educativos de la mayor parte de los países del mundo, donde se premia el éxito en los exámenes o en el deporte en edades donde el trabajo y el esfuerzo probablemente no permiten explicar las diferencias en los resultados. Dicho de otra forma, muchas personas desarrollan una mentalidad fija porque de pequeños les dicen que son muy inteligentes porque sacan buenas notas sin trabajar duro, de manera que asocian ese éxito temprano a algún talento que tienen y que otros, aparentemente, no.

Esta distinción es relevante porque va conectada a nuestra actitud frente a los riesgos y las oportunidades. Dweck observó estas diferencias inicialmente en estudiantes: los que tenían un coeficiente intelectual más alto eran los que tomaban menos riesgos y tenían más miedo a equivocarse. Constató en sus investigaciones que esas tendencias permanecían en esos individuos a lo largo de su vida.

¿Se puede cambiar una mentalidad fija? ¡Absolutamente! Y debemos hacerlo, pues de lo contrario corremos el riesgo de vivir en un estado de ansiedad permanente viendo cómo todo a nuestro alrededor cambia. La mentalidad que tenemos ahora mismo es una combinación de creencias sobre qué es posible y qué no, pero esas creencias pueden evolucionar. Para adaptarnos al mundo en el que vivimos es necesario desarrollar una mentalidad de crecimiento, o lo que es lo mismo, la creencia de que podemos ser buenos, incluso muy buenos, en casi cualquier cosa a la que dediquemos esfuerzo y tiempo suficientes.

Algunos consejos que te pueden ayudar a desarrollar esa mentalidad de crecimiento, si todavía no la tienes, son:

- Sustituye el «no» por el «todavía no». Esto es lo que hacen en un colegio de Chicago: cuando un estudiante no aprueba una asignatura, su hoja de evaluación no dice «suspendido» o «no apto», sino «todavía no». Haz lo mismo contigo. Cuando te preguntes o te pregunten si conoces la última tecnología o si eres el líder que te gustaría ser, en vez de contestar con una negativa di «todavía no».
- Presta atención a tus palabras y tus pensamientos limitantes. Sustituye los juicios negativos por la aceptación de que las cosas son así ahora, pero las puedes hacer mejor.
- Valora el proceso más que los resultados. Disfruta del viaje de crecimiento, del esfuerzo para ser un poco mejor, y deja que los resultados lleguen si tienen que llegar. Esto es importante también en relación a la educación de nuestros hijos: premiemos el esfuerzo para que tengan mentalidad de crecimiento.

«¿Se puede cambiar
una mentalidad fija?
¡Absolutamente!
Y debemos hacerlo, pues
de lo contrario corremos
el riesgo de vivir en
un estado de ansiedad
permanente viendo cómo
todo a nuestro alrededor
cambia».

LA PELIGROSA ILUSIÓN DE SUPERIORIDAD

«Dios, concédeme la serenidad para aceptar
lo que no puedo cambiar, el valor para cambiar
las cosas que sí puedo cambiar y la sabiduría
para reconocer la diferencia entre lo uno y lo otro».
Reinhold Niebuhr

Somos afortunados, pues vivimos en una época en que tenemos las necesidades básicas cubiertas hasta niveles nunca vistos. En Europa Occidental el hambre está prácticamente erradicada (no así en otras partes del mundo, lo cual es una vergüenza) y muchas enfermedades que mataron a nuestros ancestros han desaparecido o tienen una cura sencilla y accesible. Ahora bien, este bienestar conlleva un riesgo: podemos caer en la tentación de pensar que estamos a salvo de todo.

La ilusión de superioridad es un sesgo cognitivo muy estudiado y consiste en la tendencia a sobreestimar nuestras capacidades en relación con las de los demás. Quizás hayas oído hablar de estudios donde más del 80% de los entrevistados creían ser mejores conductores que la media o donde el 68% de profesores de una universidad creían estar en el 25% más alto en cuanto a capacidad pedagógica. Lamentablemente, la realidad es que la mitad de los conductores son peores que la media, con lo cual hay un porcentaje elevado que están sobrevalorando su capacidad.

Esta ilusión de superioridad frente a los demás se manifiesta también en cómo invertimos en bolsa, en nuestra estimación de cómo de saludables son nuestros hábitos, en nuestra capacidad intelectual, en las probabilidades de contraer ciertas enfermedades o de sufrir ciertos accidentes, etc. Y, en muchas personas, en su consideración sobre lo seguros que están en su trabajo o sobre cómo puede afectar la tecnología a su actividad profesional. Por este motivo, nos sería tremendamente útil disponer de recursos a lo largo de la vida para adaptarnos a un entorno que sabemos a ciencia cierta que va a cambiar, y de manera radical. En este sentido, los siguientes capítulos te ayudarán a crear esos recursos desde hoy, a prepararte para que las transiciones que vivas en el futuro supongan cerrar una puerta pero abrir otra.

En ningún sitio está escrito cómo nos va a afectar la revolución digital, ya que dependerá en gran medida del trabajo que cada uno de nosotros haga para sacar provecho de esos cambios y convertirlos en herramientas de abundancia, no de pobreza. La inteligencia artificial, por ejemplo, puede hacer que muchas personas pierdan su trabajo, pero también que se generen más puestos de los que se destruyan si hay una masa de personas formadas en cómo sacarle partido. En general, la tecnología puede sustituir algunas capacidades hasta ahora reservadas a los humanos, pero también puede servir para aumentar las capacidades humanas si estamos preparados para ello.

Te propongo una sencilla estrategia en tres pasos para abrazar los cambios que vienen y sacar de ellos el máximo beneficio:

1. ACEPTAR que el cambio también te afectará a ti, que quedarte parado/a no es una buena opción y que nada te impide prepararte. Si sientes un poco de ansiedad al leer esto, te felicito, porque cumples el primero de los requisitos para iniciar la transformación: saber que nadie está a salvo del cambio, tampoco tú.

2. DECIDIR que vas a prepararte para esos cambios. La conciencia de que hay algo que podemos mejorar es importante, pero no suficiente. Necesitamos también añadirle la voluntad de acometer la tarea. Veremos en los próximos capítulos que nuestro cerebro nos pondrá todo tipo de trampas para evitar los terrenos donde no se siente cómodo. Tendrás que encontrar la motivación suficiente para superar esos obstáculos autoimpuestos.

3. ACTUAR para adelantarte a los cambios y estar preparado/a. Si ya has aceptado que no eres inmune y has encontrado la voluntad para navegar esta ola de oportunidades, el tercer requisito es pasar a la acción. Para ello, vamos a explorar cómo podemos generar y gestionar el cambio en nosotros mismos (partes 2 y 3), facilitar el cambio a nuestro alrededor (parte 4) y, para aquellos con la responsabilidad de hacerlo, liderar el cambio en equipos y organizaciones (parte 5).

Detrás de cualquier cambio en nosotros mismos se encuentra ese órgano maravilloso donde toda nuestra realidad se manifiesta: el cerebro. Empecemos, pues, explorando cómo funciona nuestro cerebro para entender cómo podemos tomar el control sobre él.

«En ningún sitio está escrito cómo nos va a afectar la revolución digital, ya que dependerá en gran medida del trabajo que cada uno de nosotros haga para sacar provecho de esos cambios».

UN ÓRGANO INCREÍBLE

«Si los seres humanos tuviésemos dos cerebros,
seguro que haríamos el doble de tonterías».
Woody Allen

Nuestro cerebro es un órgano absolutamente increíble. Es el responsable de todo, absolutamente de todo lo que entendemos que es nuestra realidad. Todo lo que percibimos, sentimos, tocamos, decimos, pensamos, proyectamos, etc. se produce en nuestro cerebro. Es la herramienta principal que tenemos para hacernos humanos, la fuente de todas nuestras alegrías y ansiedades, sueños y miedos.

Tenemos entre 80 y 100 mil millones de neuronas en nuestro cuerpo y la mayor parte están en nuestro cerebro. Estas neuronas se conectan y se desconectan millones de veces por segundo, generando con este proceso todo lo que constituye nuestra realidad.

Esta increíble herramienta, sin embargo, no se ha adaptado todavía (y tardará miles de años, quizás millones en hacerlo) al mundo que hemos creado, al progreso tan acelerado que estamos viviendo. Esto nos provoca estrés, incertidumbre, miedo y angustia, y hace que, como te explicaba en la introducción, incluso las personas que tienen una vida aparentemente exitosa sientan que no son del todo felices, que hay algo que no acaba de funcionar en sus vidas (y, por tanto, en su cabeza).

Pero no tiene por qué ser así. Cada vez sabemos más sobre nuestro cerebro y sobre una de sus cualidades más sorprendentes: su plasticidad, su capacidad de «ser moldeado». Se trata de un conocimiento reciente. De hecho, el 95% de lo que sabemos de neurociencia se ha conocido en los últimos 25 años. Es cierto que muchas de las cosas que ahora se están demostrando de manera más científica se intuían dentro de escuelas filosóficas de distintos orígenes. Por ejemplo, el estoicismo o el budismo ya hablaban de ideas sobre la mente que ahora se han demostrado científicamente.

Estos descubrimientos en neurociencia nos abren la puerta a un poder que hasta hace poco no sabíamos que teníamos: el poder de, conscientemente, cambiar nuestro cerebro y, con ello, nuestra forma de ver el mundo y nuestra interpretación del lugar que ocupamos en él. Veremos a lo largo del libro cómo hacerlo. Para poder hacerlo, el primer paso, como decía, es entender cómo funciona nuestro cerebro. O lo que viene a ser lo mismo: cómo funcionamos los seres humanos. Vamos a ello.

¿Cuál dirías que es la prioridad número uno de tu cerebro? Te invito a que escribas en un papel (o cuaderno) tu respuesta.

Cuando hago esta pregunta en mis talleres recibo respuestas muy variadas: pensar, tomar decisiones, conectar con los demás, encontrar sentido a la vida, buscar la felicidad y muchas otras. Todas tienen su importancia, pero hay una prioridad muy por encima de estas: ¡sobrevivir!

La prioridad número uno de nuestro cerebro, a mucha distancia de cualquier otra, es mantenernos vivos. Ser felices está bien, pero para nuestro cerebro es una prioridad muy secundaria (ser feliz pero estar muerto no parece una propuesta muy atractiva). Esto tiene todo el sentido del mundo, pues la evolución premia a los especímenes que priorizan seguir vivos frente a los que priorizan otras cosas. Somos el resultado, al menos hasta ahora, de un proceso evolutivo donde sobrevalorar los riesgos es mucho mejor que infravalorarlos a la hora de extender nuestros genes.

Para tener éxito en esa causa tan loable de mantenernos con vida, el cerebro necesita disponer de toda la energía posible para responder con celeridad a cualquier amenaza. En situaciones normales (mientras no nos sentimos amenazados) nuestro cerebro utiliza alrededor del 25% de todas las calorías que quema nuestro cuerpo cada día (he aquí una idea para perder peso: pensar más). Con el fin de no malgastar energía y poder disponer de toda la que necesite, nuestro cerebro ha desarrollado un sistema muy inteligente. Dado que todos nuestros pensamientos, emociones, sensaciones y acciones son el resultado de conexiones neuronales que se forman y se deshacen millones de veces por segundo, lo cual consume mucha energía, nuestro cerebro se dedica a crear conexiones permanentes para aquellos pensamientos, emociones, etc. que se repiten a menudo. De esta manera, cuando necesitamos usar esas conexiones no las tenemos que crear de nuevo cada vez, pues ya tenemos algo parecido a un «cableado» hecho, lo cual nos ahorra un montón de energía. Los neurocientíficos hablan de «neuronas que se disparan o se cablean juntas». Yo las llamo «autopistas neuronales», pues por ellas viajan con rapidez y facilidad los pensamientos, etc.

Te sugiero que hagas una prueba. Mientras lees esto, por favor, chasquea los dedos. ¿Cuánto tiempo o esfuerzo te ha costado hacerlo? Probablemente muy poco. Eso es porque en algún momento estuviste practicando cómo hacerlo y creaste una autopista neuronal. Lo mismo has hecho durante días, semanas, meses y años con actividades como hablar, caminar, montar en bicicleta, escribir, etc.

¿Quieres hacer un ejercicio que probablemente te dibuje una sonrisa en la cara? Cruza los brazos, por favor. Observa cómo lo has hecho. Cuando propongo este ejercicio con audiencias en directo me encuentro con que no todos los cruzamos de la misma forma. Yo, por ejemplo, suelo poner mi mano derecha sobre el brazo izquierdo, y mi mano izquierda debajo del brazo derecho. ¿Cómo lo has hecho tú? Estaremos de acuerdo en que no hay una forma «correcta» de cruzar los brazos y que no es algo con lo que hemos nacido, ¿verdad? (En este sentido, es gracioso ver a los niños pequeños imitar a los mayores intentando cruzar los brazos. Si tienes niños cerca, haz la prueba).

Ahora, intenta cruzarlos al revés de como los tienes.

Espero.

¿Qué tal? ¿Has conseguido hacerlo de forma rápida o te ha costado? Si eres como el común de los mortales, probablemente te ha costado un esfuerzo mayor. Además, mientras lo hacías, no podías estar pensando en nada más. ¿Es así?

Este es un ejemplo simple pero poderoso para ilustrar la diferencia entre hacer algo utilizando una autopista neuronal (cruzar los brazos como sueles hacerlo) o sin utilizarla (cruzarlos al revés de lo habitual).

Por cierto, recuerdo un día que hice este ejercicio en una clase y, cuando ya hacía cinco minutos que habíamos acabado y estábamos tratando otros temas, se oyó en el fondo del aula en voz alta: «Dios, ¡soy tonto perdido!». La persona que hablaba todavía no había conseguido cruzar los brazos al revés.

«Los descubrimientos en neurociencia nos abren la puerta a un poder que hasta hace poco no sabíamos que teníamos: el poder de, conscientemente, cambiar nuestro cerebro».

PROS Y CONTRAS
DE VIAJAR POR AUTOPISTAS

«Al fin y al cabo, somos lo que hacemos
para cambiar lo que somos».
Eduardo Galeano

Tu cerebro, por tanto, va creando autopistas neuronales como respuesta a lo que vas aprendiendo sobre el mundo y sobre ti para poder utilizarlas como respuestas automáticas a lo que te encuentres en tu día a día. Esas autopistas son resultado de cómo tu cerebro en particular interpreta tu realidad, por tanto, pueden ser radicalmente diferentes a las de otra persona y su cerebro, incluso aunque hayáis vivido los mismos eventos.

David Eagleman, uno de mis autores favoritos en lo que se refiere a neurociencia, lo explica en estos términos: «Todo lo que has experimentado en tu vida ha alterado la estructura física de tu cerebro. Tu familia de origen, tu cultura, tus amigos, tu trabajo, cada película que has visto, cada conversación que has tenido. Todo esto ha dejado su huella en tu sistema nervioso. Estas indelebles y microscópicas impresiones se acumulan para hacerte quién eres, y para limitar en quién te podrías convertir».

¿Cómo se forman esas autopistas neuronales?

Hay dos mecanismos. Uno es la repetición, es decir, cuando pedimos a nuestro cerebro que conecte las mismas neuronas una y otra vez. A base de pasar mucho por el mismo sitio se acaba creando un «surco neuronal».

El segundo es el impacto emocional. Este es mucho más potente y rápido, pues solo hace falta una situación que tenga un impacto emocional fuerte en ti, ya sea positivo o negativo. ¿Recuerdas, por ejemplo, alguna situación de tu infancia que te haya marcado? Piénsalo un minuto. Seguro que recuperas algún recuerdo sin mucho esfuerzo. Eso es porque se grabó a fuego por la intensidad de la emoción.

En el presente, tu cerebro anticipa lo que puede ocurrir en base a esos modelos o autopistas, que determinan cómo ves el mundo. Esto es muy importante para el tema que nos ocupa, el cambio personal. Por un lado, es práctico tener autopistas neuronales que nos permitan hacer muchas cosas sin un gran esfuerzo mental. De hecho, la vida tal y como la conocemos sería inviable sin esta capacidad de automatizar procesos en nuestro cerebro. ¿Te imaginas tener que aprender cada vez a conducir, aprender cada movimiento y cada señal, en lugar de hacerlo de manera prácticamente automática? Sería una locura.

Ahora bien, las autopistas neuronales también tienen su lado oscuro. ¿Qué pasa si una de ellas, por ejemplo, nos dice que no merecemos el aprecio de los demás y que por tanto no vale la pena que nos esforcemos? ¿Y si hemos construido otra que nos dice que las personas del sexo opuesto son inútiles? ¿O que las personas de otra raza son inferiores? Estos sesgos o estereotipos, que determinan cómo vemos el mundo, pueden ser fuente de conflictos e impedirnos, en última instancia, ser quién podemos ser.

El cerebro tiende a ver aquello que confirma su sesgo. Se han hecho muchos estudios al respecto. En uno de ellos participaron dos grupos: uno en el que los participantes tenían una opinión muy favorable a la pena de muerte y otro en el que eran totalmente contrarios. A ambos se les ofrecieron artículos que se podían considerar equilibrados, ya que ofrecían argumentos en apoyo de ambas posiciones. El objetivo era ver si la exposición a estos argumentos equilibrados podía moverlos hacia una posición más moderada. El resultado fue exactamente el contrario: cada grupo extrajo de los documentos los argumentos que apoyaban su posición y se mostraron más convencidos que nunca de que estaban en lo cierto. Esto es lo que se conoce como el sesgo de confirmación: buscamos y vemos solo la información que confirma lo que pensamos.

También son muy perniciosos los sesgos que nos imponemos a nosotros mismos. Si nos han dicho muchas veces que no somos buenos en matemáticas, probablemente hayamos convertido esa idea en una autopista neuronal y encontramos confirmación por todas partes. Y lo mismo si nos han dicho todo lo contrario. También hay autopistas neuronales que nos dicen que no podremos hacer esto o aquello, que no podemos aprender lo que queremos aprender, que ya es tarde para intentar cambiar las cosas, que somos demasiado viejos para hacer experimentos, que el mercado laboral no nos quiere, que somos malos padres, etc. Se trata de lo que se conoce como «creencias limitantes».

En mi labor como *coach* me he encontrado con decenas de situaciones de personas con un tremendo éxito profesional que son incapaces de disfrutarlo por algunas de esas creencias limitantes que dibujan su sombra sobre todo lo que hacen. Maud es una mujer holandesa que ha conseguido entrar en el Consejo de Administración de una importante empresa de ingeniería tras unos 17 años de carrera profesional ejemplar y, sin embargo, vive angustiada por la posibilidad de perder todo eso que ha conseguido y sigue pensando que las cosas «volverán a la normalidad un día». ¿Y cuál es esa normalidad? Desde que Maud era una niña sus padres habían planeado para ella que sería un ama de casa y se mostraron decepcionados cuando ella indicó que quería estudiar ingeniería. En un cerebro infantil que busca la aprobación y las referencias que aportan las personas adultas más cercanas, este tipo de expectativas pueden dejar marcadas autopistas neuronales que nublan la percepción de lo que se está haciendo con dudas que pueden ir desde el «no estoy hecha para esto» a «he sido una mala hija».

Nuestra personalidad es, en el fondo, la suma de todos los «cableados» que hemos ido creando en el cerebro a lo largo de nuestra vida. Ahora bien, hay una buena noticia: ¡podemos construir nuevas autopistas neuronales en cualquier momento de nuestra vida! Se necesita volver a «arar» el cerebro, lo cual no es fácil, pero es posible. Es posible trabajar en nuestra propia «red de autopistas del Estado». Es más, es necesario hacerlo si queremos ser una mejor versión de nosotros mismos, más felices, influyentes, relevantes e ilusionados.

Estos automatismos neuronales funcionan tanto a nivel físico como emocional, y condicionan también nuestras relaciones. ¿No te ha pasado alguna vez que nada más conocer a una persona ya tienes un juicio formado sobre ella? A veces te presentan a alguien y te cae mal antes de que abra la boca y sin que haya hecho nada que justifique el rechazo. Eso, como ya puedes sospechar, se debe a experiencias anteriores que han creado en tu cerebro un perfil de persona con la que has tenido algún problema y cuyos atributos (o al menos algunos de ellos) coinciden con los de la persona que te acaban de presentar. También sucede al contrario, por supuesto: conoces a alguien e inmediatamente sientes una atracción injustificada hacia él o ella, surge espontáneamente eso que conocemos como «química». El mecanismo es exactamente el mismo.

Por tanto, esas autopistas neuronales determinan la forma en que vemos el mundo y cómo actuamos desde el punto de vista tanto físico como emocional. Están detrás de nuestros miedos, ansiedades, frustraciones, tristezas, cansancios, desesperanzas, rencores o amarguras. Y también detrás de nuestras aspiraciones, sueños, ilusiones, aprecios, etc. Y el primer paso para cambiarlas o reconstruirlas es tomar conciencia de su existencia.

«Hay una buena noticia: ¡podemos construir nuevas autopistas neuronales en cualquier momento de nuestra vida!».

BENDITA NEUROPLASTICIDAD

«Todos piensan en cambiar el mundo,
pero nadie piensa en cambiarse a sí mismo».
Alexéi Tolstói

Te contaba al principio del libro, en la introducción, que el programa *High Performance Leadership*, de IMD, es en mi opinión el mejor programa de liderazgo del mundo. He tenido la suerte de trabajar en él durante muchos años, así que te lo digo con conocimiento de causa. En él se suelen reunir normalmente personas de gran éxito en sus respectivas actividades que, sin embargo, tienen la inquietud de seguir mejorando aspectos relacionados con el liderazgo, ya sea de los demás o de su propia vida. Lo que no te he contado es que, unos días después de empezar el programa, la mayoría de los participantes acaban llorando como niños.

¿Qué hace que personas con una trayectoria profesional y una vida aparentemente exitosas se emocionen tanto que acaben llorando? Te lo diré: descubrir hasta qué punto sus autopistas neuronales han marcado decisiones importantes de su vida y les han hecho perder grandes oportunidades. O dicho de otra forma: hasta qué punto sus creencias sobre sí mismos, sobre los demás y sobre el mundo han marcado sus vidas y están en el origen de por qué son como son y tienen la vida que tienen.

Hay una frase que he oído a menudo a ejecutivos, sobre todo varones que podríamos definir como *workaholics* (adictos al trabajo), cuando he analizado con ellos por qué dedican la práctica totalidad de su vida al trabajo en perjuicio de sus familias y del tiempo para sí mismos: «Mi padre nunca me dijo que me quería». En concreto, un ejecutivo de un importante banco europeo me dijo: «Me acabo de dar cuenta de que llevo toda mi vida intentando hacer que mi padre me dijese que estaba orgulloso de mí. Nunca lo hizo». Le sugerí que hablase con su padre y le preguntase directamente si se sentía orgulloso de él. Había muchos motivos objetivos para estarlo, pues se trataba de una excelente persona con una trayectoria profesional impecable. Su respuesta fue: «Mi padre falleció hace diez años». Se había perdido todos los cumpleaños de sus hijos para intentar, inconscientemente, que su padre muerto le dijera lo orgulloso que estaba de él.

Esas creencias o autopistas neuronales determinan cómo vemos el mundo y generan áreas ciegas donde no somos conscientes de que estamos dejando de lado cosas que son importantes para nosotros. La buena noticia, como te apuntaba anteriormente, es que somos capaces de crear autopistas nuevas, ya sea por repetición o por impacto (viviendo emociones intensas). Unas autopistas que sustituirán (del todo o en parte) a las anteriores, ya viejas y por las que no queremos volver a transitar.

Es muy posible que hayas oído hablar del término *neuroplasticidad*. Se refiere al descubrimiento relativamente reciente de que nuestro cerebro es mucho más flexible y adaptable de lo que se creía anteriormente. En contra de esas creencias, resulta que nuestro cerebro es capaz de generar neuronas y conexiones nuevas hasta el último día de su vida. Y que podemos cambiar nuestro cerebro físicamente con nuestros pensamientos conscientes.

Esto que acabo de escribir es increíblemente potente, por lo que te pediría que lo vuelvas a leer y te detengas un momento a reflexionar sobre ello y sobre cómo puede cambiar tu vida todavía hoy. Anota en tu cuaderno o papel algunas de tus reflexiones o conclusiones.

Crear una nueva autopista neuronal mediante una práctica deliberada tiene, por tanto, una base neurocientífica. Cuando «obligas» a tus neuronas a conectarse de una manera diferente a como lo han hecho anteriormente estás creando ya los cimientos de una nueva autopista. Si lo repites el suficiente número de veces o si lo conviertes en una experiencia emocional intensa, la autopista va tomando forma: comienza como un camino a través de piedras y arbustos, se convierte luego en un pequeño sendero de tierra, se ensancha más adelante, se asfalta, se le añaden carriles y se acaba convirtiendo en la ruta 66.

Cuando creas una nueva autopista neuronal le das una opción a tu cerebro para que, la próxima vez que estés frente a una situación determinada, puedas escoger un camino que te sea más agradable o provechoso que el que habías tomado hasta el momento. Y te permites a ti cambiar aquello que quieres cambiar para ser mejor y para estar mejor.

Siempre estamos a tiempo de mejorar. Hay millones de historias motivadoras en este sentido. Tal vez conozcas la de Dan McLaughlin, un joven fotógrafo que con 30 años no se sentía realizado con lo que hacía. Decidió focalizarse en aprender a jugar al golf, un deporte al que nunca había jugado de manera regular. Unos amigos le hablaron del profesor Anders Ericsson y su teoría, explicada en el libro *Fuera de serie*, de Malcolm Gladwell. De forma resumida, dicta que todos nos podemos convertir en expertos en algo si practicamos al menos 10.000 horas en ese algo. Así que McLaughlin se propuso comprobar si, efectivamente, la práctica constante y deliberada podía hacer que alguien que no jugaba a golf se clasificara para un torneo profesional del Tour PGA.

¿Crees que lo logró?

La respuesta es no. Lamentablemente, tras poco más de 6.000 horas de práctica, tuvo que abandonar porque su espalda dijo «basta». Sin embargo, llegó a alcanzar un hándicap de 2,6, un nivel que en el mundo del golf se considera ya profesional. Solo un 6% de jugadores lo alcanza. Lo cual nos lleva a preguntarnos: ¿dónde habría llegado de haber podido practicar 10.000 horas?

Su esfuerzo demostró que, aunque no hay milagros, ¡siempre se puede mejorar! O, para lo que nos ocupa en este libro, siempre podemos cambiar para ser mejores profesionales y personas; para estar mejor y ser más felices.

Incluso en el caso de genios como Mozart o Einstein, prototipos de «talento natural», su trabajo tuvo mucho más que ver en su genialidad que la genética. Los genes sin duda debieron ser propicios y ayudaron, pero solo en una pequeña medida. Incluso algunos talentos que hasta ahora se consideraban puramente determinados por la genética, como el oído absoluto (la capacidad de conocer una nota musical al oírla sin ninguna otra nota de referencia) se pueden entrenar. Un experimento en Japón lo demostró: un grupo de niños menores de cinco años fueron entrenados en identificar las notas y cuando crecieron tenían la habilidad del oído absoluto. Al parecer, a partir de los cinco años nuestro cerebro cambia la forma de oír, por lo que el trabajo hecho antes de esa edad puede tener un impacto en algo que se pensaba que era cien por cien innato.

No podemos cambiar nuestra altura o la longitud de nuestros huesos, pero sí casi todo lo demás. Incluida nuestra capacidad de liderar y autoliderarnos, como veremos en los siguientes capítulos.

Hay una anécdota sobre esto del violonchelista Pau Casals, probablemente el mejor de la historia en su instrumento. Con 93 años seguía practicando tres horas al día. Cuando un entrevistador le preguntó por qué, respondió: «Empiezo a notar cierta mejoría».

¡Esa es la actitud que debemos tener toda nuestra vida!

«Podemos cambiar nuestro cerebro físicamente con nuestros pensamientos conscientes».

3
LIDERA TU VIDA

EL FACTOR MÁS IMPORTANTE DEL ÉXITO

«El éxito consiste en ir de fracaso en fracaso
sin perder el entusiasmo».
Winston Churchill

Quiero empezar esta tercera parte contándote una historia que me impactó muchísimo cuando se la escuché en una conferencia a Claudio Fernández-Aráoz, actualmente profesor en Harvard Business School y durante más de 30 años miembro destacado de Egon Zehnder.

No te sientas mal si no sabes qué es Egon Zehnder, poca gente los conoce. Se trata de una empresa de búsqueda de talento especializada en las posiciones más altas de empresas e instituciones. Lleva el nombre de su fundador, Egon Zehnder, al parecer todo un personaje. Claudio se entrevistó con él en los años 70 durante el proceso de selección para incorporarse a su empresa, algo que tenían que hacer todos los candidatos que llegaban a la última fase. Este último paso consistía en volar a Zúrich para conocer a Zehnder y obtener, o no, su visto bueno.

La conversación, según explicó Claudio, fue muy bien. Al terminar, Zehnder le dijo: «Claudio, ¿tienes alguna pregunta para mí?». Claudio pensó rápido y le respondió: «Por supuesto, Sr. Zehnder. Usted es considerado una de las personas con mejor olfato del mundo para detectar talento. Basándose en su experiencia con tantas personas, ¿cuál es en su opinión el factor número uno que explica el éxito personal y profesional?».

Hago una pausa para preguntarte: ¿Qué contestarías tú? Anótalo en tu cuaderno.

En las muchas ocasiones en que he contado esta historia a audiencias en directo he oído todo tipo de respuestas: la resiliencia, la determinación, la pasión, la actitud positiva, etc.

La respuesta de Egon Zehnder fue: «La suerte».

Se refería, según aclaró Claudio, a que el primer factor que nos pone en el camino del éxito o nos aleja de él es la suerte de nacer en un país avanzado, tener acceso a una educación, gozar de buena salud, tener un empleo en una organización que paga religiosamente todos los meses u otros factores que no dependen de nuestro talento o nuestro esfuerzo. Luego esa suerte se puede aprovechar o malgastar, por supuesto, pero no es lo mismo estar en «el lado bueno del mundo», como cantaba Pau Donés en aquella canción de Jarabe de Palo, que en un país pobre o en una familia sin recursos.

¿Sabes qué porcentaje de la población mundial tiene un techo bajo el que dormir, un frigorífico y una cuenta corriente en un banco?

¡Solo un 6%!

Somos tremendamente afortunados y no siempre nos sentimos como si lo fuéramos. Gracias a esa «suerte» de la que habla Zehnder, podemos tener una base para trabajar nuestros talentos y alcanzar nuestro propio éxito.

Explicaba Claudio Fernández-Aráoz, al acabar su anécdota, que tras oír la respuesta de Egon Zehnder no tuvo la presencia de ánimo como para preguntarle lo más interesante: «Si la suerte es el primer factor, ¿cuál es el segundo?».

El segundo, me atrevo a aventurar, es la actitud que adoptamos y nuestra forma de estar en el mundo. Aunque vivimos en un mundo que está cambiando como nunca antes en la historia, la clave está sobre todo en nosotros, más que en ninguna de las cosas que ocurren en nuestro alrededor.

Dicho de otra forma, la principal diferencia entre las personas con éxito y las que no lo tienen, si dejamos a un lado la suerte, estriba en cómo ven el mundo. Las que se consideran más afortunadas ven oportunidades en todo lo que hay a su alrededor; las que se quejan de su mala suerte no las ven, aunque estén delante de sus narices.

En su libro *El factor suerte*, el doctor Richard Wiseman cuenta un experimento. Él y sus ayudantes invitaron a acudir a su laboratorio a estudiantes escogidos al azar y les hicieron una entrevista en la que la pregunta clave era: «En una escala del 0 al 10, ¿cómo de afortunado/a crees que eres?» Cuando los estudiantes abandonaban el laboratorio, pasaban junto a un billete en el suelo que, por supuesto, habían depositado previamente los investigadores. Algunos estudiantes «veían» el billete, mientras que otros no.

¿Adivinas quiénes eran los primeros y quiénes los segundos?

¡Exacto! Aquellos que se consideraban afortunados solían ver el billete, mientras que los que no se sentían afortunados pasaban junto a él sin percatarse.

Moraleja 1: nuestro cerebro encuentra lo que cree que puede encontrar.

Moraleja 2: la suerte determina el punto de partida, pero a partir de ahí son la actitud y las propias creencias las que determinan el éxito o el fracaso.

Aunque podría equivocarme, doy por hecho que tú, lector/a, eres uno de los privilegiados que de entrada ha recibido buenas cartas en el juego de la vida, o al menos unas cartas que te permiten plantearte opciones. Por eso, te pregunto:

¿Qué estás haciendo con esas cartas que te han dado?

¿Crees que las estás jugando bien?

¿Sientes que estás liderando tu propia vida o que los acontecimientos te arrastran y te superan?

«La principal diferencia entre las personas con éxito y las que no lo tienen, si dejamos a un lado la suerte, estriba en cómo ven el mundo».

DE QUÉ HABLAMOS CUANDO HABLAMOS DE LIDERAZGO

«El genio es ante todo energía».
Matthew Arnold

¿Qué palabras te vienen a la cabeza cuando piensas en liderazgo? ¿Qué es el liderazgo para ti? Reflexiona sobre esto y escribe en tu cuaderno tus respuestas.

En nuestra cultura es muy frecuente asociar el concepto de líder al de jefe, al de persona que ostenta el poder o la *potestas*, como lo llamaban los antiguos romanos. Pero ¿estás de acuerdo conmigo en que, en muchos grupos de personas, el líder o los líderes no son necesariamente los que tienen la autoridad formal?

Cuando hablo de líder estoy pensando más, volviendo al latín, en el concepto de *auctoritas*: esa persona que tiene cierto «peso» y es capaz de influir en los demás. Sería de desear que las personas que ostentan la autoridad formal tuvieran también esa capacidad de influencia, pero eso no siempre es así (de hecho, no lo es en un porcentaje elevado de los casos).

Por razones obvias desconozco qué has contestado a las preguntas iniciales del capítulo. Sí puedo decirte que los términos que suelo escuchar asociados a liderazgo son inspiración, visión, dirección, empatía, ejemplo, escucha, comunicación, resultados, pasión, equipo, resiliencia, coraje y otras de este estilo.

En cuanto a la definición, hay muchas. He aquí dos que me parecen acertadas y me gustan:

«Liderar consiste en encender una llama en el interior de las personas, no bajo sus pies».

«Liderar no consiste en hacer que las personas hagan lo que tú quieres; consiste en que las personas quieran lo que tú quieres».

Aunque mi favorita se la escuché hace tiempo a uno de mis profesores, George Kohlrieser, con el que he estado trabajando cerca de diez años:

«En esencia, liderazgo es la capacidad de movilizar energía».

Esta breve máxima reúne, a mi juicio, todo lo que va implícito en la palabra liderazgo o en el verbo liderar. La persona líder es aquella que tiene la capacidad de movilizar a otras personas de su entorno en pos de un objetivo o en una dirección determinada. Para ello tiene que comunicar, inspirar, ser un ejemplo, desarrollar el equipo, etc. Solo así logrará que las cosas realmente se «muevan».

Movilizar energía: esa es para mí la esencia del liderazgo.

Y no pienses que con el término «energía» me refiero a algo esotérico o mágico. No se trata de ser un iluminado ni de conectar con la energía del universo. ¡Para nada! La energía a la que me refiero es algo que puedes sentir ahora mismo. Presta atención por un momento a cómo te sientes. Mientras lees estas palabras, estás en un estado determinado, producto de la combinación de tu estado emocional, tu estado físico, tu estado mental y tu estado espiritual. Tal vez estás cansado/a porque dormiste mal anoche. Tal vez te preocupa algo y te cuesta concentrarte en la lectura, pues tu energía está enfocada en ese problema. Tal vez pasas por un mal momento profesional y sientes que estás atascado/a. Tal vez te levantas por la mañana y ya estás de mal humor, o llegas a tu primera reunión en el trabajo y estás mirando el reloj desde el primer minuto. Tal vez acabas una reunión por Zoom o Teams y te quedas agotado/a y empalmas con la siguiente y no entiendes por qué ha ido tan mal y, además, arrastras esa energía negativa a la siguiente llamada.

Todo eso es energía. Cada estado en que te encuentras determina tu energía y lo que haces cada día.

Como ves, no me refiero a conceptos filosóficos o esotéricos, sino cotidianos. Porque este libro va del día a día, de algo tan práctico como conseguir una vida satisfactoria en un mundo cambiante; de cómo sacarle el máximo provecho a un cerebro más preparado para vivir en la Edad de Piedra que en la Era Digital; y de cómo usar todos los medios a nuestro alcance para conseguirlo, incluida la neurobiología.

«El liderazgo es la capacidad de movilizar la energía. La tuya y la de los demás».

AUTOLIDERAZGO

«Si pudiéramos cambiarnos a nosotros mismos, las tendencias en el mundo también podrían cambiar. Tal y como un hombre es capaz de transformar su propia naturaleza, también cambia la actitud del mundo hacia él. No necesitamos esperar a ver lo que hacen los demás».
Mahatma Gandhi

El liderazgo empieza por uno mismo. Por eso, la primera energía que tienes que aprender a movilizar es la tuya propia. Tienes que conocerte y ser capaz de gestionar satisfactoriamente tu energía y, consecuentemente, tu vida.

Daniel Goleman se hizo mundialmente famoso por su libro *Inteligencia emocional*, en el que demostraba que los factores emocionales tenían igual o mayor efecto en los resultados de las personas y las organizaciones que los factores racionales. En un artículo publicado en *Harvard Business Review* en diciembre de 2001 titulado «*Primal Leadership: The Hidden Driver of Great Performance*», Goleman y los profesores Boyatzis y Mckee argumentaban que el estado emocional de un líder tiene un impacto fortísimo en el estado de las personas que tiene a su alrededor, y que ese estado impacta en los resultados. Y lo expresaban en estos términos: «Si el estado emocional de un líder y los comportamientos que le siguen son una parte tan importante del éxito de un equipo, se deduce que la primera tarea de un líder es el liderazgo emocional. El liderazgo comienza con el líder siendo capaz de gestionar su propia vida interior, de manera que la reacción en cadena de pensamientos y comportamientos más adecuados se pueda producir. Para muchos de nosotros es el reto más difícil».

Tal vez pienses que tú no eres ni quieres ser líder de nadie y que, por tanto, esto no va contigo. Pero párate un momento y piénsalo de nuevo. Con la definición que hemos utilizado anteriormente («liderar es movilizar energía»), eres líder aunque no lo quieras, porque tus comportamientos y estados emocionales impactan en las personas que tienes a tu alrededor incluso si no tienes la intención de hacerlo. Esa influencia puede ser más o menos determinante, pero existe. Todos tenemos un campo gravitacional alrededor que nos da un poder que quizás no hemos pedido, pero que está ahí.

Por tanto, siguiendo esa misma definición, tú gestionas tu propia energía y eres, como mínimo, líder de ti mismo/a.

Doy por hecho que si estás leyendo este libro es, entre otras cosas, porque buscas convertirte en tu mejor versión. Esto empieza por ser capaz de ponerte en el estado de energía adecuado para cada situación a la que te enfrentas en la vida. Ponerte en el estado adecuado significa, según Goleman, no solo actuar de la forma más adecuada, sino PENSAR de la forma más adecuada. La clave está en cambiar tus pensamientos, y en hacerlo de tal forma que acaben creando nuevas autopistas neuronales en tu cerebro.

Mi buena amiga María José Sánchez Yago lo cuenta en su libro *Érase una persona que quería vivir mejor*: «Tus pensamientos, los míos y los de los demás son como una semilla. Un inicio, un comienzo. Sin darnos cuenta, los vamos regando y la planta crece. La alimentamos y se hace más grande. Al final, acaba dando frutos. Los frutos son tus acciones, lo que realmente acabas haciendo o diciendo».

¿Cuántas oportunidades de liderar (o liderarnos) tenemos al cabo del día? ¿Cuántas ocasiones de ponernos en un estado de energía adecuado para lo que tenemos delante? En realidad, cada segundo de nuestro día es una oportunidad de hacerlo. El problema, que es a su vez una de las grandes fuentes de nuestra frustración y nuestra ansiedad (y de otros sentimientos, como el enfado o la tristeza), es que nuestra energía a menudo no está acompasada con lo que se espera de nosotros o, aún más importante, con lo que nosotros esperamos de nosotros mismos. La explicación radica en lo que hemos visto en la primera parte del libro: sin darnos cuenta hemos construido unas autopistas neuronales que nos frenan, nos limitan, nos impiden alcanzar nuestra mejor versión. Hay una incongruencia entre lo que nos gustaría ser y lo que somos.

La capacidad de movilizar nuestra propia energía, de ponernos en el estado emocional adecuado y hacer que nuestros comportamientos sigan a ese estado emocional, es EL ELEMENTO CLAVE para ser más relevantes, para impactar más en nuestro entorno y ser más felices.

Para ello, tenemos que poner conciencia sobre esos momentos en que no nos sentimos como nos gustaría sentirnos ni actuamos como nos gustaría actuar. Es algo que requiere práctica, por eso te estoy proponiendo a lo largo del libro una serie de ejercicios sencillos que te invitan a reflexionar sobre cómo movilizas tu energía. Aquí tienes otro: piensa en tres situaciones que hayas vivido en las últimas 24 horas en las que hayas sido consciente de que no estabas en el estado de energía que la situación requería. Anótalas en tu cuaderno.

Reflexiona a continuación sobre cómo te habría gustado sentirte o cómo habrías preferido actuar.

Te animo a que hagas este ejercicio al final de cada día durante al menos tres o cuatro semanas. Tomarás conciencia de hacia dónde diriges tu energía y de cómo puedes ir mejorando poco a poco en tu propio autoliderazgo.

«Tú gestionas tu propia energía y eres, como mínimo, líder de ti mismo/a».

UNA HISTORIA PERSONAL

«Aferrarse a la ira es como agarrarse a un carbón caliente con
la intención de tirárselo a alguien; tú eres el que te quemas».
Buda

Todo lo que te he contado hasta ahora sobre cómo se crean las
autopistas neuronales y cómo podemos movilizar nuestra energía para liderar nuestra vida no es algo que haya leído en un
libro. Sé que es cierto porque lo he experimentado en mis propias
carnes.

En la introducción te expliqué un momento clave de cambio en mi
vida, probablemente el más determinante para lo que soy actualmente. Fue en 2009. Buscando una carga de energía para salir de lo que
era probablemente una crisis de los 40 provocada por una falta de un
propósito vital, me inscribí en el prestigioso programa *High Performance Leadership* del *Institute for Management Development* (IMD),
una de las mejores escuelas de negocios del mundo. Era un programa
de una semana de duración que tenía lugar en Lausana, Suiza. Así que
allí fui, buscando algo, aunque sin saber qué era exactamente.

Durante los primeros dos días aprendí conceptos muy interesantes,
pero no sentí que allí hubiese algo especialmente relevante para mí.
Recuerda que, como ya te he explicado, yo en aquel momento estaba
«bien»: tenía éxito, una familia estable, un empleo bien considerado
y pagado, etc. Además, me tenía por una persona equilibrada y en
control de sus emociones.

Mi momento de «iluminación» llegó durante el tercer día, cuando
escuché a uno de los participantes contar su historia. Era un hombre

alto, bien parecido, con una sonrisa de oreja a oreja que enganchaba a todo el mundo. Explicó que en su juventud había sido capitán de la selección nacional de baloncesto de su país, lo cual cuadraba mucho con la imagen que transmitía, no solo por la altura, sino porque tenía un carisma increíble. Seguramente por esto, lo que compartió a continuación con el resto de sus compañeros me impactó tanto. Era algo, según dijo, que nunca había contado a nadie y que tenía que ver con una reacción física y emocional que sufría cuando estaba en situaciones de tensión. Dicho en palabras más sencillas: cuando estaba en presencia de una persona autoritaria, su cerebro se congelaba, era incapaz de pensar e incluso de hablar. Nos explicó situaciones en el entorno profesional donde sucedía eso: aparecía una persona autoritaria y él buscaba una excusa para ausentarse porque entraba en estado de shock. ¿De dónde le venía aquello? Nos explicó que, a pesar de su éxito profesional, no había sido buen estudiante en su juventud. Sus profesores llegaron a recomendar a sus padres que no fuese a la universidad porque sus hábitos de estudio y aprendizaje no eran los adecuados. Esta situación le provocó una sensación de vergüenza inmensa y, aunque su madre le apoyó para que finalmente fuese a la universidad, él siempre sintió que había decepcionado a su padre, una persona importante, con una buena posición y mucho prestigio, que para mi compañero era como un dios. Cuando era pequeño y su padre intentaba ayudarle a hacer los deberes, mi compañero tenía tanto miedo de equivocarse y decepcionarle que su cerebro se quedaba paralizado. ¿Ves la conexión?

Escucharle contar su historia fue como recibir un puñetazo en el estómago. Me di cuenta de que a mí me pasaba algo muy parecido. De repente, muchos comportamientos y reacciones que a menudo veía en personas a mi alrededor cobraron sentido, y no fue un descubrimiento agradable. Yo ya sabía que era una persona con mal genio o, como eufemísticamente decían algunos de los que me conocían, con «mucho carácter». Cualquier minucia podría despertar mi ira. Tenía, como oí decir una vez a alguien, «un carácter muy equilibrado: siempre estaba enfadado». Pero el descubrimiento fue darme cuenta, por decirlo de una forma sencilla, de que mi ira no era el resultado de lo que pasaba a mi alrededor, sino la causa. Yo era el causante de muchas de esas cosas y de mucho del malestar de las personas que estaban más cerca de mí.

Escuchando a aquel compañero, cuyo carisma nunca me habría hecho sospechar que pudiera ser una persona que entrase en shock frente a personas autoritarias, mi propia realidad se hizo evidente. Y lloré como creo que no he llorado en mi vida.

Siempre había creído que mi carácter agrio formaba parte de mi personalidad. Aquel era yo y no iba a cambiar después de más de 40 años. Si alguien insinuaba algo al respecto, mi réplica era contundente: «Esto son lentejas; las tomas o las dejas». O me aceptaban o se iban. Pero de pronto vi con claridad que aquello estaba teniendo un gran impacto a mi alrededor. No era «mi» problema, sino un problema que afectaba a muchas personas que para mí eran importantísimas.

Fue una suerte que mi grupo de trabajo en aquel programa contara con el acompañamiento de Duncan Coombe, un sudafricano que dejó una carrera en el mundo financiero para hacer su MBA en IMD (como yo, pero un año más tarde) y formarse después hasta conseguir un doctorado en Comportamiento Organizacional. Le tengo una deuda de gratitud eterna porque fue una persona clave en el proceso que afronté a partir de aquel día. La frustración, vergüenza, miedo y tristeza que sentí al descubrir que yo era una persona muy distinta de la que quería ser se vio agravada por el hecho de que no sabía qué hacer para cambiarlo. De hecho, no sabía ni siquiera si podía cambiar. Y ahí fue donde entró Duncan. Como *coach* experto que era, sabía que era posible crear nuevas autopistas que sustituyesen a las del enfado, que llevaban desde siempre en el mismo sitio.

De él aprendí que cualquier cambio de esta magnitud es un proceso que consta de varios pasos:

Paso 1: Compromiso

Crear autopistas neuronales nuevas que nos lleven a pensar y actuar como queremos es a la vez muy sencillo y muy complicado. Es sencillo porque consiste en definir qué queremos pensar/hacer y repetirlo una y otra vez. Y es muy complicado porque estamos intentando cambiar nuestro cerebro desde nuestro cerebro, así que este se va a resistir y no va a querer utilizar la energía para crear una autopista donde ya existe otra que, según cree, ya sirve. Por tanto, es esencial, como primer paso, tener muy claro por qué queremos hacer ese cambio, por qué esa autopista nos va a convertir en algo mejor, en algo que queremos ser o incluso que no podemos permitirnos no ser. En mi caso, me comprometí al 100% con mi propio cambio. No había alternativa: de ninguna manera estaba dispuesto a aceptar nada que no fuese cambiar el tipo de comportamientos que estaba teniendo con las personas más cercanas. Estaba decidido a hacer lo que fuera necesario y nunca rendirme. Como en la mítica canción de Bruce Springsteen: «No surrender!»

Paso 2: Detectar cuándo ocurre

El segundo paso consiste en evitar transitar por la autopista que quiero evitar. Para ello, tengo que darme cuenta de cuándo estoy, como Alicia, a punto de entrar en la madriguera del conejo y ser capaz de pararme en las puertas. Es muy difícil dar marcha atrás cuando las emociones ya están desbocadas. En mi caso, aprendí a detectar cuándo me empezaba a enfadar. Sentía como una «bola de fuego» que aparecía en mi estómago e iba subiendo hasta que llegaba a mi cabeza. Entonces la presión se hacía irresistible y aparecía el enfado. Mi cuerpo se tensaba, mi cara se desencajaba y mis palabras se volvían hirientes.

Paso 3: Definir qué vas a hacer

Si no tienes claro lo que debes hacer cuando detectas el inicio de la emoción, es difícil que puedas pararla a tiempo, pues en el cerebro acontece algo que se llama secuestro amigdalar. Si llegas a ese punto, ya es tarde para volver atrás. En mi caso, tuve que definir y poner por escrito qué comportamiento iba a exhibir cuando sintiese que la bola de fuego aparecía. Decidí que lo que haría es sonreír y hablar en un tono tranquilo.

Paso 4: Pedir ayuda

El mismo día que descubrí que tenía un problema lo compartí con mi esposa y le pedí ayuda. Cuando le dije que había descubierto que mi carácter probablemente estaba haciendo daño a personas importantes, ella tuvo la suficiente presencia de ánimo y el buen juicio como para no aprovechar la situación y lanzarme aquello de «hace años que te lo vengo diciendo». Le pedí que si me veía transitando de nuevo por la autopista que quería evitar me hiciese una señal.

Por mi parte, hice un trabajo para recordarme mi compromiso y mantenerlo. Imprimí unas imágenes de una bola de fuego y las coloqué en lugares estratégicos de mi casa y mi oficina. Desde que me levantaba por la mañana hasta que me acostaba, tenía presente esa imagen, que me recordaba el cambio que quería hacer y el compromiso que había asumido.

Paso 5: Persistir

El último paso es persistir. No dejarse caer. Y si caes, reengancharte con el propósito y continuar, procurando mantenerlo todos los días, a todas horas. ¿Hasta cuándo? ¿Cuánto tiempo hay que mantener el esfuerzo hasta que se crea una autopista nueva? No hay una respuesta inequívoca a esta pregunta, pues cada persona y cada cambio es diferente. Algunas investigaciones dicen que entre 40 y 66 repeticiones de algo pueden llevar a generar un hábito. Otras hablan de 21 días de práctica constante para adquirir un nuevo hábito y consolidarlo (hablaremos de cómo crear hábitos un poco más adelante). En mi caso, puedo decir que la primera vez que fui consciente de que mi bola de fuego era muy chiquita y bastante fácil de controlar fue unas cinco semanas después de haber iniciado mi compromiso. No son cinco días, pero tampoco cinco meses. ¡Se puede hacer!

Cuando explico esta historia en mis charlas algunas personas se acercan y me confiesan que se han visto reflejadas en ella, o que se ven afectadas por alguien cercano que tiene ese mismo mal carácter. No es infrecuente que compartamos unas lágrimas juntos.

Algunas personas también me transmiten que cambiar aspectos de su personalidad tan arraigados les parece un reto demasiado difícil. ¿Sientes tú lo mismo? En caso afirmativo, pregúntate: ¿qué autopista neuronal me está llevando a pensar esto? ¿Qué ha provocado que mi cerebro, en este momento, crea que el pensamiento más adecuado es descartar que pueda hacerlo?

Todos tenemos dentro la semilla de esa persona que nos gustaría ser, para nosotros mismos y para los demás. ¿No te gustaría sentirte más abierto a las posibilidades del mundo en el que estamos? ¿No te gustaría poder pasar día a día sintiendo que hasta las cosas menos agradables son parte de un todo maravilloso? ¿No te gustaría tener la energía necesaria para hacer lo que quieres hacer y para estar ahí para las personas que te importan? Entonces, ¿por qué no empezar hoy mismo?

Descubrir que durante casi toda nuestra vida hasta hoy hemos estado conviviendo con una parte de nosotros que nos ha limitado y que ha limitado a los que están a nuestro alrededor no es algo agradable. Sobre todo cuando ese descubrimiento viene asociado al conocimiento de que, en todo momento durante ese tiempo, hemos tenido opciones de hacerlo de modo diferente. Pero no sabíamos que teníamos elección, así que no pierdas mucho tiempo lamentándote.

Ahora lo sabes, así que puedes empezar a plantearte cambios.

¿Sueñas con cambiar algunas cosas que te quitan una parte de la alegría de vivir que querrías experimentar?

¿Estás dispuesto/a a comprometerte con esos cambios?

Empieza hoy mismo, paso a paso.

Mi trabajo con la bola de fuego tuvo un impacto clarísimo. Muchos amigos lo notaron y algunos incluso bromearon diciendo que había perdido algunas de las espinas que me caracterizaban y que me estaba haciendo viejo.

Tal vez te preguntes si la bola de fuego sigue apareciendo de vez en cuando, o sea, si la vieja autopista neuronal que me llevaba al enfado sigue ahí. La respuesta es sí. Cuando creamos una autopista nueva no siempre eliminamos la anterior, sino que le damos a nuestro cerebro la posibilidad de transitar por otra que es mejor para nosotros. Los surcos neuronales son a veces tan profundos que, aunque se pueden debilitar y ser menos transitables, no desaparecen.

Lo cual me lleva a decirte algo importante: el viaje hacia la mejor versión de nosotros mismos no termina con la creación de una autopista nueva, hay que mantener la voluntad de circular por ella y evitar las antiguas. Pero no te preocupes: a medida que comprueba que la nueva alternativa es mejor, el cerebro tiende cada vez más a utilizarla.

Además, muchas veces es cuestión de equilibrio. Eliminar la bola de fuego totalmente me hizo volverme demasiado «blando» en el trabajo, me pasé de frenada. Tuve que dar marcha atrás hasta encontrar el punto justo. No quería ser Darth Vader, pero tampoco Bambi. Supongo que me entiendes.

«Todos tenemos dentro
la semilla de esa persona
que nos gustaría ser, para
nosotros mismos
y para los demás».

APRENDIENDO A LIDERARTE

«La práctica no es lo que uno hace cuando es bueno. Es lo que uno hace para volverse bueno».
Malcolm Gladwell

Como hemos visto, a lo largo de nuestra vida vamos configurando una imagen de nosotros mismos y una idea de nuestro lugar en el mundo. El resultado varía según las experiencias que vamos acumulando, especialmente en los primeros años de vida: la atención que recibimos de nuestros padres, lo que nos dicen sobre las cosas en las que somos buenos o malos, cómo nos sentimos en las comparaciones con otros niños, etc. Así vamos configurando una personalidad y unas creencias sobre nuestras capacidades y nuestros límites, sobre lo que somos y lo que podemos ser.

Después de los primeros años seguimos aprendiendo cada día, no siempre bien y no siempre cosas que nos ayudan, pero seguimos aprendiendo. La forma de aprender es siempre la misma: practicando. Esta práctica, tal como descubrió el ya mencionado profesor Ericsson, debe ser «deliberada». Esto significa que no es una repetición sin más, sino con plena conciencia de que estamos practicando algo concreto. Si quiero dar un «buenos días» por la mañana que anime a las personas de mi entorno, lo practico deliberadamente todos los días. Si quiero llegar con energía fresca a cada reunión virtual que tenga y no arrastrar la energía negativa que traiga de otras reuniones, lo practico conscientemente al comienzo de cada reunión. Si quiero llegar a casa y darles a los míos la energía que merecen y que a mí me gustaría darles, me lo propongo y lo practico. Esta es la forma, como explicábamos antes, de crear nuevas autopistas neuronales, de cambiar cómo pensamos y actuamos, de movilizar nuestra energía para estar en el estado que más nos conviene en cada situación. Es tan sencillo como esto.

A veces, es cierto, los aprendizajes son complejos. Por ejemplo, si deseo hablar mejor en público tal vez deba descomponer este objetivo de mejora en varios subobjetivos. Hablar bien en público puede incluir componentes como: gestionar los nervios, preparar un discurso interesante, dominar la postura, utilizar un determinado tono de voz, establecer contacto visual con la audiencia, etc. En un determinado momento de mi vida me propuse este objetivo. Durante muchos años observé a profesores y conferenciantes y me fijé en qué decían, cómo lo decían, qué gestos hacían con sus manos, cómo usaban las pausas y los silencios, cuándo cambiaban de entonación, etc. Con la observación y la práctica fui creando mi propio estilo.

En tu caso, ¿qué te gustaría mejorar? Te animo a que anotes en tu cuaderno las primeras ideas que acudan a tu cabeza.

Ponte objetivos que te saquen de tu zona de confort y practica de forma consciente. Estudia cómo lo hacen las personas excelentes en aquello que tú intentas mejorar y busca a expertos, mentores, amigos o *coaches* que puedan darte una visión externa de cómo estás progresando, que te hagan propuestas de mejora y que te motiven a seguir y no abandonar tu objetivo.

Piensa en algo que te gustaría hacer, que tengas en mente desde hace tiempo, pero a lo que no te has lanzado todavía. Algo que te gustaría aprender y que crees que te va a ayudar a nivel personal o profesional. Tal vez aparezca una voz en tu mente que te diga cosas como «no tienes tiempo», «ya es demasiado tarde» o «no se te va a dar bien». ¡Ignórala y lánzate a por ello!

El objetivo también puede ser modificar un pensamiento o un comportamiento que no te gusta de ti. Quizás te dejas llevar demasiado rápido por la preocupación o el miedo, o estás a menudo de mal humor o hablas a las personas que quieres de una forma que no se corresponde con lo que sientes.

O adquirir un comportamiento o pensamiento que te gustaría tener más a menudo. Por ejemplo, ser una persona más agradecida.

O hablar más en las reuniones o tomar más riesgos.

O empezar a hacer más ejercicio, o comer mejor.

Igualmente, puedes marcarte varios objetivos: hacer algo, aprender algo, evitar algo, adquirir algo... En cualquier caso, te sugiero que reflexiones sobre esto y rellenes uno o varios de los siguientes cuadros. Te servirán como punto de partida y compromiso contigo mismo/a.

Algo que hace tiempo que quiero hacer			
¿Qué es?	¿Cuánto lo quiero? (0 a 10)	¿Quién me va a ayudar?	¿Cuándo voy a empezar?

Algo que quiero aprender			
¿Qué es?	¿Cuánto lo quiero? (0 a 10)	¿Quién me va a ayudar?	¿Cuándo voy a empezar?

Comportamiento / pensamiento que quiero reducir			
¿Qué es?	¿Cuánto lo quiero? (0 a 10)	¿Quién me va a ayudar?	¿Cuándo voy a empezar?

Comportamiento / pensamiento que quiero incrementar			
¿Qué es?	¿Cuánto lo quiero? (0 a 10)	¿Quién me va a ayudar?	¿Cuándo voy a empezar?

Una persona con la que quiero conectar más			
¿Quién es?	¿Cuánto lo quiero? (0 a 10)	¿Quién me va a ayudar?	¿Cuándo voy a empezar?

«La forma de aprender es siempre la misma: practicando. Esta práctica, tal como descubrió el profesor Ericsson, debe ser "deliberada"».

CREAR HÁBITOS

«Cada acción que llevas a cabo es un voto por el tipo de persona en la que te quieres convertir. A medida que acumulas votos, así se manifiesta tu nueva identidad».
James Clear

Hagamos un pequeño resumen de lo que hemos visto hasta ahora:

- La Era Digital ha creado un mundo en el que el cambio es una realidad permanente y una exigencia.
- Para afrontar el cambio tenemos un cerebro que no está suficientemente evolucionado/preparado, por lo que necesitamos aprender a liderar nuestros pensamientos para que ese cambio sea una oportunidad y no una amenaza.
- Liderarnos a nosotros mismos consiste en ser capaces de movilizar nuestra propia energía para estar en el estado adecuado para cada situación en nuestro día a día.
- Esa movilización de la energía adecuada se consigue creando nuevas autopistas neuronales en nuestro cerebro que generen la respuesta correcta a cada estímulo.
- Esas nuevas autopistas se crean por repetición o impacto emocional. De esta forma cambiamos pensamientos, actitudes y comportamientos. O, dicho de otra forma, creamos nuevos hábitos.

Jonathan Haidt, autor de *La hipótesis de la felicidad*, ha popularizado una imagen que nos puede ser muy útil a la hora de entender el reto que le supone a nuestro cerebro crear nuevos hábitos. Propone que la relación entre nuestro cerebro emocional y el racional es parecida a la que tienen un elefante y su cornaca (el hombre que en la India y otras regiones doma, guía y cuida a un elefante). El cornaca puede ejercer cierto control, pero lo más habitual es que el elefante haga lo que quiera. Cuando intentamos crear un nuevo hábito es un poco lo mismo: ordenamos al cerebro que haga ciertas cosas, pero muy a menudo acaba haciendo lo que ya tiene costumbre de hacer, pues le resulta más fácil o más cómodo.

¿Cómo podemos lograr que el elefante nos haga caso? He aquí algunos consejos:

1. Divide tu objetivo en pequeños pasos que sean más fáciles de poner en práctica y mantener.
2. Recuérdate a menudo el beneficio que vas a tener cuando consigas incorporar en nuevo hábito.
3. Comparte lo que estás haciendo con otras personas; haz pública tu voluntad de cambio y las acciones que estás llevando a cabo.
4. Repite esos comportamientos entre 40 y 66 veces, o durante tres semanas.
5. Utiliza objetos o imágenes a tu alrededor para recordarte lo que estás intentando hacer. Ponlo también en tu calendario.
6. Elimina posibles obstáculos y haz que sea fácil implantar lo que quieres. Por ejemplo, si quieres empezar a correr, ¡cómprate unas zapatillas adecuadas!
7. Date una recompensa cuando lo estés haciendo bien.
8. Encuentra un mentor, *coach* o referente que te ayude. No cometas el error de intentar este viaje solo/a. Como reza un proverbio africano, «si quieres ir rápido, ve solo; si quieres llegar lejos, ve acompañado».
9. Sé compasivo contigo mismo/a si fallas alguna vez.
10. Haz un seguimiento de tus avances.

Igualmente, te puede ser muy útil seguir cuatro pautas generales a nivel corporal y emocional:

I. Controla tu cuerpo

Sabemos que nuestro cerebro envía órdenes a nuestro cuerpo para que se mueva. Lo que no se conoce tanto es que el flujo de información funciona en ambas direcciones: la energía que le pones a tu cuerpo también se transmite a tu cerebro. Si dejas que tu cuerpo tenga los hombros caídos, la mirada baja, los brazos flácidos y, en general, todas las muestras de un estado de baja energía física, ¿cómo crees que va a reaccionar tu cerebro?

Fíjate ahora mismo en cuál es tu estado físico y piensa en cómo podrías mejorarlo. Los actores utilizan esta técnica para poner su mente en el estado adecuado para el personaje que van a interpretar. Si quieres aprender a movilizar tu energía, te propongo que empieces por poner tu cuerpo en el estado y la postura que más te puede ayudar a ello.

Durante años he propuesto a muchas personas que confesaban llegar a casa después del trabajo con la energía errónea que aprovechasen el viaje de vuelta a casa para ponerse en un estado mejor con un acto muy sencillo: ¡sonreír! Sin más, sonreír. Aunque no te apetezca. Aunque tengas que poner un lápiz cruzado en tu boca para aparentar una sonrisa. Aunque sea más bien un rictus. ¡Sonreír! Te sorprendería cuántas personas me han dicho después que funciona.

II. Desconfía de tus recuerdos

Tu cerebro intentará utilizar a menudo recuerdos de situaciones negativas para evitar que avances en el camino que quieres seguir. ¡Desconfía de esos recuerdos! En realidad, el cerebro no almacena los recuerdos como si fueran una película, sino que los parte en pequeños trocitos y almacena pequeñas muestras de información en muchos lugares diferentes. Cada vez que recuperamos un recuerdo estamos eligiendo piezas diferentes de ese recuerdo, muchas veces influenciados por nuestro estado de ánimo en el momento de la recuperación.

En un experimento en la Universidad de Warwick en el año 2002, los investigadores mostraron fotografías a un grupo de personas de un momento de su infancia en el que habían montado en un globo aerostático y les pidieron que añadiesen todos los detalles posibles que pudiesen recordar de ese día. Alrededor de la mitad de los participantes en el estudio recordaban cosas que habían sucedido ese día, a otras personas que estaban allí o incluso si tuvieron miedo o frío. Hasta aquí todo normal. Lo extraordinario del experimento es que ¡ninguna de estas personas había montado nunca en globo! Las fotografías eran un montaje hecho con esmero y en un entorno que los participantes pudiesen reconocer. Conclusión: nuestro cerebro nos engaña hasta el punto de inventarse historias.

Sé consciente de que tus autopistas neuronales limitantes van a generar imágenes y conversaciones en tu mente para disuadirte de cambiar de hábitos. ¡No las escuches!

III. Huye de la negatividad

Los seres humanos tenemos un sesgo muy desarrollado para encontrar lo negativo en todo. Es parte de lo que nuestro cerebro, preocupado siempre por sobrevivir, cree que tiene que hacer. Debido a ello, tenemos tendencia a absorber la negatividad de nuestro alrededor: las omnipresentes noticias negativas, las críticas constantes en el trabajo a todo, las personas negativas, etc. Todo esto es una carga adicional para tu cerebro si estás intentando crear autopistas neuronales más positivas y un estado de ánimo favorable al cambio.

¿Sabes cuánto más pesan en nuestro cerebro las cosas negativas que las positivas? Según investigadores, el ratio es de 4:1, es decir, vamos a necesitar cuatro noticias o eventos positivos para compensar un solo evento negativo.

No puedes eliminar el sesgo negativo de tu mente, está cableado a fuego, pero sí puedes neutralizar parte de sus efectos y, sobre todo, evitar contextos donde esa negatividad sea habitual. Yo dejé de escuchar las tertulias políticas en la radio y de ver las noticias todos los días porque notaba que me ponía de mal humor. Ahora dedico unos minutos todos los días para ver los titulares de las noticias que me interesan y profundizo solo en un par de ellas; el resto del día las evito.

IV. Cuida cuerpo y mente

Cuando queremos crear nuevos hábitos y autopistas neuronales nuevas el cerebro necesita todavía más energía de la habitual, que como ya hemos visto es mucha. Por eso, cuanto mejor estemos a nivel físico más probabilidades vamos a tener de triunfar en nuestro esfuerzo de cambiar.

Para mí hay cuatro ejes esenciales para cuidar nuestro cuerpo y nuestra mente: alimentación, ejercicio físico, meditación y descanso. No es este el libro para entrar en cada una de estas áreas, que sin duda no son nuevas para ti. Tan solo te sugiero que incorpores mejoras en estas categorías mientras intentas cambiar tu forma de pensar o actuar.

Por último, si deseas profundizar en el tema de los hábitos puede serte útil también el libro *Hábitos atómicos*, de James Clear, que ha ayudado ya a muchas personas.

«Tus autopistas neuronales limitantes van a generar imágenes y conversaciones en tu mente para disuadirte de cambiar de hábitos.
¡No las escuches!».

LO QUE NECESITAMOS PARA SOBREVIVIR EN LA ERA DIGITAL

> «Lo poco que he aprendido carece de valor, comparado con lo que ignoro y no desespero en aprender».
> René Descartes

¿Cómo aplicamos todo lo anterior a esta época de grandes cambios que estamos viviendo, a esta nueva Era Digital?

Vamos a verlo.

Como profesionales, las dos características que garantizarán nuestra supervivencia en el actual entorno de revolución digital son dos:

1. Aprendizaje continuo.
2. Humildad.

Independientemente del tipo de empresa (tradicional, tecnológica o *startup*), estas son las dos *skills* más buscadas en una persona en cualquier proceso de selección. Lógicamente, también se busca que la persona tenga los conocimientos técnicos propios de su puesto, pero esos conocimientos pueden quedarse obsoletos en cualquier momento, por eso lo que más se valora es la capacidad de aprender. Si una empresa tiene una persona capaz de aprender cualquier cosa, ¿qué más puede necesitar? Cuando aquello que está haciendo esa persona deje de ser relevante, será capaz de adaptarse a las nuevas necesidades.

A veces se habla de nuestro tiempo como «la era del conocimiento», pero me parece más acertada la definición del filósofo José Antonio Marina, que la llama «la era del aprendizaje». Necesitamos seguir aprendiendo continuamente para no convertirnos en dinosaurios y extinguirnos, como apuntábamos en la primera parte.

En mi trabajo hablo cada año con cientos de ejecutivos de empresas de todo tipo y no es infrecuente escuchar frases como «es demasiado tarde para aprender cosas nuevas». Muchos de ellos cuentan los días que les faltan para la jubilación y rezan para que el «meteorito» no les caiga antes encima. O se aplican aquella metáfora que dice que para sobrevivir en la sabana, una cebra no tiene que ser más rápida que un león, solo más rápida que las otras cebras. Esto, sin embargo, no evita que sigan oyendo el rugido del león y vivan con el temor a ser devorados. Otros directivos, con el ego un tanto magnificado, se niegan a seguir aprendiendo porque creen que ya están por encima del bien y del mal. Les falta la humildad necesaria para reconocer que nadie, tampoco ellos, está a salvo de convertirse en un dinosaurio y perecer. Que lo único que nos puede librar de la extinción son el aprendizaje continuo y la humildad, que sin duda están ligados, pues sin humildad es difícil aprender.

Puede parecer, al leer esto, que el aprendizaje es una obligación. Efectivamente, puede vivirse así, pero también lo podemos vivir como un disfrute. La historia de Jean-Claude Biver, un exitosísimo hombre de negocios en la industria relojera suiza, que fue CEO de TAG Heuer y rejuveneció marcas como Hublot, Omega o Blancpain, lo demuestra. En cierta ocasión le oí explicar su historia. Resulta que cuando era joven, allá por los años 60, se hizo *hippie*. Vivía en una comuna trabajando la tierra y con una economía de subsistencia, llevando a rajatabla la premisa «haz el amor, no la guerra». Era feliz y soñaba con que su vida seguiría ese camino durante mucho tiempo, pues odiaba trabajar.

Pero llegó la crisis del petróleo y el fin del estilo de vida *hippie*, y Biver se encontró con la apremiante necesidad de decidir qué hacer con su vida. Entonces pensó en aquel viejo adagio que dice «el que trabaja en algo que ama, no trabaja un solo día en su vida», y se puso a buscar aquello que amaba. En aquella búsqueda paso un tiempo hasta que llegó a una triste conclusión: «Uno no puede encontrar el amor, es el amor el que le encuentra a uno». Lo que descubrió en realidad es que, efectivamente, uno no puede encontrar aquello que ama mediante un ejercicio puramente intelectual, debe encontrarlo a través de la pasión.

Ahora bien, ¿cómo podía encontrar su pasión?

Tratando de responder a esta pregunta, Biver se dio cuenta de que existía un camino que lo podía llevar a la pasión: dejarse llevar por la curiosidad. Probar cosas nuevas, intentar saber un poco más, profundizar en aquellas cosas que te gustan...

Introduciendo en nuestro día a día aquello por lo que sentimos curiosidad nos acercamos, tarde o temprano, a lo que nos apasiona, a lo que amamos. Y, una vida en la que dedicamos una parte significativa de nuestro tiempo a hacer cosas que amamos, que nos apasionan o, como mínimo, que despiertan nuestra curiosidad, es una vida bien vivida.

En tu caso, ¿sabes ya qué cosas te apasionan o, al menos, despiertan tu curiosidad?

¿Forman parte de tu día a día actualmente?

¿Podrías dedicarles, quizás, algo más de tiempo?

Muchos estudios avalan que nuestra capacidad de sentirnos felices no está necesariamente ligada con el hecho de estar haciendo lo que nos gusta todo el tiempo, sino con dedicar un espacio suficiente a sentir que conectamos con aquello que nos importa.

Te invito a reflexionar sobre esto. Contestar las siguientes preguntas puede ayudarte a hacerlo:

¿Qué cosas te apasionan?	¿Son parte ahora de tu vida en el nivel que te gustaría? (Sí/No)	Si contestaste que no, ¿qué vas a hacer para que tengan su espacio?

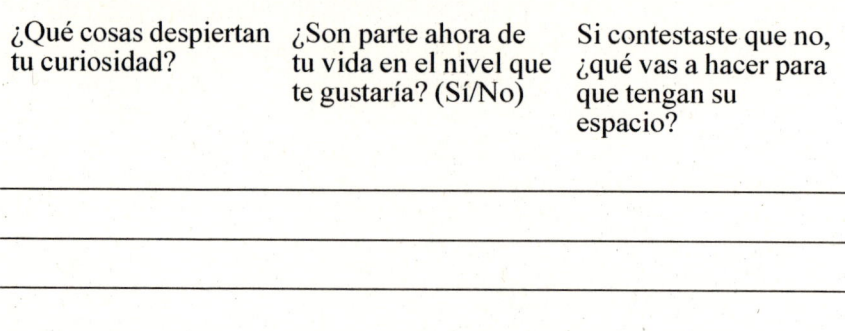

¿Qué cosas despiertan tu curiosidad?	¿Son parte ahora de tu vida en el nivel que te gustaría? (Sí/No)	Si contestaste que no, ¿qué vas a hacer para que tengan su espacio?

En cuanto a la humildad, se trata básicamente de «manejar» el ego. Nuestro ego es el principal obstáculo para aprender, abrirnos a lo desconocido y cambiar.

¿Cómo podemos seguir siendo relevantes en esta Era Digital si no aceptamos que necesitamos aprender cosas nuevas, que hay personas que tienen un conocimiento que nosotros no tenemos y que para dar dos pasos adelante tenemos que dar un paso atrás?

Como apuntaba antes, lamentablemente me encuentro a menudo con personas que se resisten al cambio. Muchas personas con cargos de alta responsabilidad que se escudan en un «no tengo tiempo» cuando en realidad quieren decir «soy demasiado importante» o «tengo miedo de mostrar mis carencias» (o ambos mensajes). Este es el ego que debemos manejar si no queremos quedarnos desfasados y, como los dinosaurios, acabar desapareciendo.

Si evitas acometer algo por miedo a quedar expuesto/a, rechazas cambios arguyendo que «ya lo intentamos antes» o te molesta que personas con menos experiencia que tú te digan lo que hay que hacer… ¡atención! Puedes estar poniéndote palos en tus propias ruedas.

«Necesitamos
seguir aprendiendo
continuamente para
no convertirnos
en dinosaurios y
extinguirnos».

GESTIONANDO TU CAPITAL

«Reza como si todo dependiera de Dios.
Trabaja como si todo dependiera de ti».
San Agustín

Todos tenemos algo que llamo Capital de Empleabilidad (KE), que consiste en una serie de activos que hacen que una empresa quiera contratarnos. Este capital funciona exactamente igual que el capital financiero: según cómo lo gestionemos, puede aumentar o disminuir a lo largo de nuestra vida.

Cuando empezamos nuestra carrera profesional, ese KE suele ser bajo, aunque depende de varios factores:

- Si estamos en un mercado con alta demanda y crecimiento o no.
- Si hemos estudiado algo que el mercado demanda.
- Si tenemos conexiones profesionales valiosas.
- Si somos flexibles para trabajar en distintas condiciones.
- Si nuestras expectativas son razonables para las empresas.
- Si gestionamos bien el proceso de entrevistas
- Etc.

A lo largo de nuestra carrera, el KE suele evolucionar de una manera parecida a la que muestra el siguiente gráfico. La línea inferior y superior delimitan el área donde solemos movernos la mayoría de las personas:

Tras el inicio, vamos adquiriendo experiencia. Si demostramos que somos confiables, mejora nuestro KE. Gracias a esta experiencia y confiafibilidad, en la siguiente etapa de nuestra carrera es posible que se nos ofrezcan oportunidades de promoción dentro de una organización o que nos busquen empresas de la competencia para contratarnos y contar así con nuestro conocimiento, experiencia y conexiones. Sin embargo, a partir de los 50 el KE tiende a bajar con bastante celeridad, ya que las organizaciones consideran que tenemos una menor capacidad de adaptación y aprendizaje, unos costes más elevados y, en general, un menor nivel de energía.

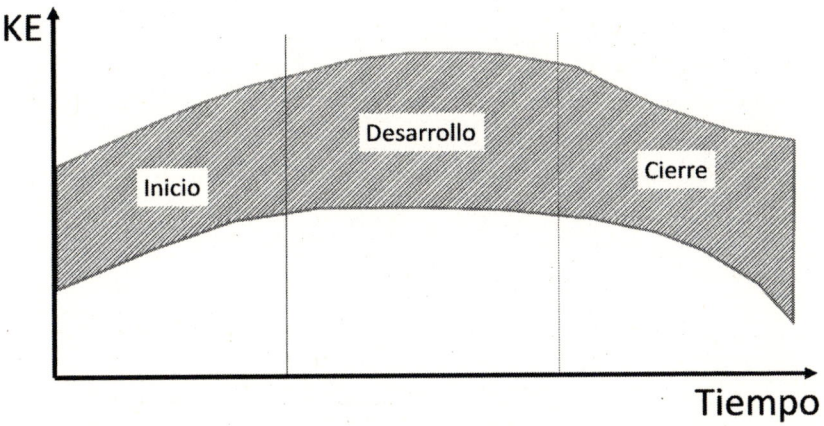

Por supuesto, además de la edad hay cosas que pueden hacer que el KE crezca, o al menos que no disminuya. Veamos algunas:

1. **Trabajar en la organización adecuada.** Mi amigo Steve Cadigan, el primer Chief HR Officer que tuvo la empresa LinkedIn, habla de que las empresas más valiosas para nosotros no son las que proponen «empleo de por vida» (porque casi con toda seguridad no lo podrán cumplir), sino las que ofrecen «empleabilidad de por vida». Son las empresas que te dan oportunidades de crecer, que tienen una reputación en el mercado como lugares que desarrollan el talento, que te ofrecen formación relevante y que te facilitarán una salida si consideran que será mejor para tu futuro.

2. **Aprender continuamente.** Volvemos a una de las claves para sobrevivir en esta Era Digital: el aprendizaje continuo. Es una de las palancas más potentes para aumentar tu KE, no solo por

los conocimientos relevantes que adquieres, sino por lo que dice de ti en términos de energía y curiosidad.

3. **Gestionar tu marca personal.** Mi compañero y jefe, Rodrigo Miranda, director general de ISDI, cuenta cómo hacer esto en su libro *#miyodigital*. Hoy en día, las redes sociales, sobre todo Linkedin en el ámbito profesional, son uno de los primeros lugares que cualquier empleador va a visitar. ¿Qué dicen de ti? ¿Muestran a alguien desconectado, o, por el contrario, a un experto bien conectado, con múltiples vínculos con los temas que dominas y con personas relevantes en esos temas?

4. *Networking.* ¿Practicas un buen *networking*? Trabajar tu red de contactos no consiste en pedir favores cuando estás desesperado/a, sino más bien:

A. Ofrecer en lugar de pedir.

B. Mantener un contacto regular con las personas de tu red. Una amiga, CEO de una importante empresa de *fintech*, tiene lo que llama un *cafetímetro*, un indicador de los cafés que se toma con gente interesante solo para tener charlas enriquecedoras de forma habitual.

C. Dar siempre las gracias a las personas por su tiempo.

D. Utilizar conexiones comunes para contactar con personas interesantes.

E. Poner en contacto a personas de tu red o cercanas.

F. Acordarte de tus contactos siempre que tengas algo que ofrecer.

5. **Cuidar tu salud.** La nutrición, el descanso y el ejercicio físico harán que mantengas un nivel de energía mucho más alto y mejorarán tu KE.

6. **Actualizar tu CV.** Durante muchos años mantuve el objetivo de añadir al menos una línea significativa a mi CV cada seis meses. Era una forma de evitar verme atrapado en el tiovivo del día a día y quedarme estancado.

7. **Mantenerte abierto/a a propuestas.** No te cierres a posibles entrevistas de trabajo, aunque de entrada no te interesen mucho. Es una forma de mantener la práctica y, si llega el momento, hacer buenas entrevistas.

Y tú, ¿te has planteado alguna vez cómo gestionas tu Capital de Empleabilidad?

Si haces un repaso de dónde estás en términos de KE, ¿qué encuentras?

Te animo a usar la siguiente tabla para ver dónde podrías mejorar tu KE:

Área	Puntuación (0-10)	Qué vas a hacer para mejorar
Empleabilidad de por vida		
Aprender continuamente		
Marca personal		
Networking		
Cuidar tu salud		
Actualizar tu CV		
Mantenerte abierto/a		

En definitiva, manejarte con éxito en esta Era Digital cambiante pasa por entender lo que está sucediendo y, a partir de esa comprensión, gestionar tus activos, tu capital. Pasa por identificar aquello que te impide adaptarte al cambio y crear nuevas autopistas neuronales mediante la práctica consciente de nuevos hábitos.

Nadie puede hacerlo por ti.

Debes convertirte en un buen líder de tu propia vida y en un buen gestor de tu propio capital profesional y vital.

«Manejarte con éxito en esta Era Digital cambiante pasa por entender lo que está sucediendo y, a partir de esa comprensión, gestionar tus activos, tu capital».

RESISTENCIAS Y EXCUSAS

«Todo el mundo que conoces está librando
una batalla de la que no sabes nada;
sé amable, ¡siempre!».
John Watson

Por supuesto, en el camino del cambio encontrarás resistencias de todo tipo. Es posible que sientas que esos cambios se escapan a tu capacidad o son poco realistas. En mis clases o talleres escucho con cierta frecuencia argumentos como: «no por soñar cualquier cosa la voy a conseguir», «cuéntale esto a mi jefe (o a mi pareja)», «no puedo ignorar mi realidad» o el clásico «no tengo tiempo para eso». La mayoría son, en realidad, excusas. De acuerdo, independientemente de nuestro cerebro y de las nuevas autopistas neuronales que seamos capaces de crear, hay una realidad ahí afuera que nos marca ciertos límites. Y está claro que no todo lo que nos pasa puede ser positivo o agradable. Ahora bien, ¿no crees que te irá mejor si al menos orientas tu energía hacia pensamientos y emociones más favorables para ti?

Aunque el entorno en el que vivimos determina en buena parte nuestra vida, y aunque, como te explicaba al inicio de esta tercera parte, la suerte tiene mucho que ver en el éxito o el fracaso de una persona, en el fondo todos somos bastante parecidos y actuamos movidos por los mismos resortes. En mi rol como *coach* ejecutivo he tenido la inmensa fortuna de conocer en profundidad a personas de todas las procedencias, sexos, razas, culturas, niveles educativos e historias vitales. Y te puedo asegurar que, privados de la primera y quizás de la segunda capa de lo que mostramos a los demás, en la parte más esencial ¡todos somos iguales!

Esto, llevado a lo que nos ocupa (la gestión del cambio en un mundo que está cambiando como nunca) significa que es normal que todos tengamos ciertas resistencias a cambiar aquellos mecanismos que, mal que bien, nos han mantenido con vida hasta el día de hoy. Es normal que sintamos miedo al cambio, que nos debatamos entre lo malo conocido y lo bueno por conocer, entre el «virgencita, virgencita, que me quede como estoy» y la posibilidad de una vida más plena. La cita que encabeza este capítulo (atribuida también a Platón o Robin Williams) lo dice claramente: «Todo el mundo que conoces está librando una batalla de la que no sabes nada; sé amable, ¡siempre!».

¿Crees que un líder en particular y una persona en general deben ser auténticos? «Por supuesto» suele ser la respuesta más habitual, y ahí estriba una de las principales barreras al cambio; lo que se conoce como la «trampa de la autenticidad» *(Authenticity trap)*. Esta trampa consiste en el hecho de que nuestra fidelidad a quienes somos dificulta nuestra capacidad de cambiar. Si somos serios y de repente nos volvemos risueños, ¿cómo van a reaccionar nuestros compañeros de trabajo? Si hasta ahora no teníamos interés genuino en otras personas y ahora lo mostramos, ¿no parecerá sospechoso? Efectivamente, cualquier proceso de cambio que acometamos es posible que genere una respuesta a nuestro alrededor que tiende a disuadirnos de continuar porque nos sentimos falsos. No caigas en esa trampa de la autenticidad; como dicen los ingleses, «fake it until you make it» (fíngelo hasta que lo consigas). No me malinterpretes: yo estoy de acuerdo con que hay que ser auténticos. Pero la pregunta que te hago es: auténticos, ¿con qué o con quién? Para mí la respuesta está en ser auténticos con la persona que queremos ser, con esa mejor versión de nosotros mismos que queremos alcanzar, y no con lo que es el resultado de autopistas neuronales que no nos ayudan y que están ahí por las razones equivocadas. Ten el coraje de parecer poco «auténtico» al principio.

Todas nuestras resistencias tienen un sentido. Más aún, todo lo que pensamos y hacemos tiene una razón de ser. Y esa razón de ser, en el fondo, es la misma para todos. Se la escuché decir una vez al profesor George Kohlrieser, el creador y director del programa *High Performance Leadership* y una de las personas de las que más he aprendido y que más me han inspirado: «Todo lo que los seres humanos hacemos durante nuestra vida es un acto de búsqueda de amor o una reacción a no tenerlo».

El profesor Kohlrieser sabe de lo que habla. Durante más de 40 años ha sido negociador de secuestros y formador de otros negociadores. Él mismo ha sido tomado como rehén en cuatro ocasiones. Esa posición le ha dado un lugar de privilegio para observar la naturaleza humana, desde la virtud más elevada hasta la mezquindad más absoluta, y siempre ha sostenido que una de las claves para un negociador es entender qué ha llevado al secuestrador hasta el punto de tomar rehenes. Siempre hay un dolor detrás de una acción de este tipo. En sus propias palabras: *«Happy people don't take hostages»* («Las personas felices no toman rehenes»).

Por tanto, en el fondo todos buscamos lo mismo. El éxito profesional, la apariencia física, el dinero, la influencia, etc. no son más que diferentes formas de hacernos acreedores de un mayor nivel de respeto y consideración mayor. O sea, de amor.

Las personas que se resisten a cambiar y prefieren mantener unas actitudes y unos comportamientos que les perjudican y perjudican a su entorno en realidad actúan así por falta de amor. Cuando pido en mis charlas que levanten la mano quienes conozcan a alguien en su entorno que viva constantemente amargado, supurando negatividad y haciendo la vida complicada para los demás, la mayor parte de asistentes la levantan. Pero pocas veces nos paramos a pensar que detrás de su forma de estar en el mundo hay algún tipo de carencia, de falta de afecto o de pérdida.

El profesor Gabor Maté es un experto en trauma y adicción. En relación a nuestras actitudes y nuestros comportamientos dice que hubo algún momento en nuestra vida, quizás hace muchos años, donde esas actitudes y comportamientos sirvieron a un propósito de supervivencia y se han enraizado posteriormente como una parte de nuestra personalidad. No mostrar las emociones puede ser la respuesta de nuestro cerebro al miedo en nuestra infancia a ser castigados por mostrarlas. Agresividad o malos modos pueden ser un mecanismo de defensa construido en un entorno donde funcionaba para mantenernos seguros.

Ser conscientes de estas resistencias nos puede ayudar a entendernos y a entender a las personas sobre las que tenemos algún tipo de influencia o liderazgo. Nos puede ayudar a comprender que cuando nos resistimos al cambio es porque la forma de ser que hemos ido construyendo a lo largo de la vida (las autopistas neuronales que hemos ido creando a base de surcarlas) nos han ayudado a sobrevivir hasta hoy y nos permiten ser miembros útiles de una sociedad y vivir con un cierto nivel de confort y felicidad. Ese comportamiento que no te ayuda hoy, ¿qué propósito tuvo quizás en tu infancia o tu juventud?

Ahora bien, también debemos entender que algunas de ellas se han quedado obsoletas y nos limitan. Son un corsé, un vestido que nos queda estrecho y nos impide movernos con libertad por un mundo que ya no es el mismo que conocimos un día. Seguramente se generaron por carencias afectivas continuadas o por duelos provocados por pérdidas importantes en nuestra vida, duelos que no hemos resuelto y se han quedado ahí para nublar nuestra visión del mundo. Pero ahora podemos reconstruirlas. Mejor dicho, debemos hacerlo para tener una vida plena.

He aquí un caso real. Christine es una ejecutiva en una importante empresa en el sector de la automoción que descubrió hasta qué punto una autopista neuronal estaba marcando su vida sin ser ella consciente. Cuando tenía 19 años tuvo una discusión fuerte con su madre por un tema intrascendente. Se fueron a dormir y Christine se quedó con una mala sensación por la discusión, de manera que decidió que por la mañana le pediría disculpas. Pero su madre falleció esa noche.

El duelo del momento quedó enterrado en años de estudio, trabajo, viajes, matrimonio, hijos, etc. Hasta que en un momento de pausa y de reflexión descubrió que lo que pasó aquel día condicionaba negativamente su forma de relacionarse con el mundo y con su entorno. El proceso de aceptar lo que ocurrió y perdonarse a sí misma no fue fácil, pero le permitió cambiar radicalmente la relación con las personas más cercanas.

En ese porcentaje de autopistas que ahora limitan quienes podemos ser hay una gran oportunidad. Por eso te animo a identificarlas y vencer tu resistencia interior al cambio. Y, sobre todo, a evitar las excusas que te impiden hacerlo, esas que mencionaba al inicio del capítulo.

Y te animo a no hacerlo solo, a buscar apoyo, a rodearte de personas que te ayuden en tu proceso de transformación personal y profesional. Como explica también el profesor Kohlrieser, aunque el mundo de hoy está más conectado que nunca, hemos perdido en gran parte la capacidad de compartir y acompañar de las tribus. Ahora vamos al psicólogo, lo cual está bien, pero una parte de lo que necesitamos para la resistencia al cambio, superar duelos y transformar a mejor nuestras vidas no se encuentra en el diván, sino en la tribu, en el compartir con otros cómo nos sentimos y en sentir que otras personas conectan con nosotros y creen en nosotros y en nuestra capacidad de mejorar.

Como muchos de mis compañeros en ISDI, me considero un optimista digital y creo que el mundo es mejor hoy que en cualquier otro momento de la historia. Nunca hemos podido conectar con tantas personas como lo hacemos hoy ni de participar en tantas comunidades y grupos de interés. Sin embargo, queda mucho terreno por recorrer para que este espacio propicio se aproveche bien y podamos tener conversaciones profundas, personales y sinceras, para que podamos compartir las batallas que estamos librando y ser capaces de avanzar en nuestro camino hacia nuestra mejor yo; hacia nuestra mejor versión.

En resumen, el proceso de cambio personal es infinitamente más difícil si lo intentamos solos. Familiares, amigos, compañeros, *coaches*, psicólogos, comunidades, iglesias, etc. No importa de dónde venga el apoyo, lo que importa es que compartas cómo te sientes y hacia dónde quieres ir.

«Es normal que todos tengamos ciertas resistencias a cambiar aquellos mecanismos que, mal que bien, nos han mantenido con vida hasta el día de hoy».

CÓMO SEGUIR ADELANTE

«Procuremos más ser padres de nuestro
porvenir que hijos de nuestro pasado».
Miguel de Unamuno

Piensa en tu vida como si fuera una novela. Tiene un comienzo y unos personajes (héroes y villanos); pasan un montón de cosas, hay complicaciones y resoluciones, cambios inesperados, sorpresas; hay capítulos muy divertidos y otros muy aburridos; y hay un narrador, tú.

Hasta el día de hoy, eres tú quien ha escrito la novela de tu vida. Pueden haber influido otras personas, pero tú eres el único que tenía la pluma (o el teclado) delante. Los personajes que has creado, y en particular tu propio personaje, son el resultado de tu imaginación. Tanto si ese personaje es feliz como si no lo es, tanto si disfruta de la vida como si no, tanto si confía en que puede conseguir lo que quiere o está lleno de miedos paralizantes, tú lo has escrito.

Ahora mismo, mientras lees esto, estás escribiendo un capítulo más de tu novela. Párate y hazte esta pregunta: ¿hacia dónde quieres que vaya ahora el argumento? Tienes la posibilidad de darle un giro a la trama o de hacer un salto temporal. No tienes ninguna obligación de mantener un flujo lineal si no te gusta. Tienes ante ti una página en blanco, mil páginas en blanco. Puedes escribir en ellas una historia maravillosa, llena de retos y dificultades, de personas que te quieren y de oportunidades para explorar hasta dónde eres capaz de llegar.

También está en tu mano que tu historia, la historia de tu vida, tenga un sentido. Tal vez hayas leído *El hombre en busca de sentido*, de Victor Frankl. En mis clases siempre hay varias personas que lo han hecho y en todos ha dejado huella. Victor Frankl pasó varios años en campos de concentración nazis como Auschwitz y Dachau y perdió en ellos a su primera esposa y a muchos otros familiares. En su famoso libro nos deja dos mensajes esenciales:

1. **La vida tiene un sentido.** Frankl tenía un curioso sistema para tratar a los pacientes que parecían no ser capaces de sobreponerse a sus duelos y sufrimientos. Les preguntaba: «¿Y por qué no se suicida usted?» No es que animara al paciente a suicidarse, claro, sino más bien a preguntarse sobre sus razones para seguir viviendo. La pregunta, en apariencia tan agresiva, lleva en realidad a la idea de que la vida en sí misma tiene un valor incluso en las circunstancias más difíciles. Es nuestra labor encontrar ese valor.

2. **No podemos controlar lo que nos pasa, pero sí cómo gestionamos lo que nos pasa.** Pensar que podemos mantenernos libres de cualquier daño, pérdida, desengaño, frustración o enfermedad no es un planteamiento realista. No vamos a poder controlar los eventos a nuestro alrededor. Pero incluso en las peores circunstancias existe un espacio de libertad personal en nuestra mente que nos permite decidir cómo afrontamos esas adversidades.

Frankl nos enseña que hay que aceptar «lo que hay», pero no resignarnos a que lo negativo lo ocupe todo (una de mis frases favoritas y que utilizo continuamente es «it is what it is», o sea, «es lo que es»). Aceptar algo no significa estar de acuerdo con ello o alegrarse por ello. Aceptar es vivir con la realidad y dejarle a lo negativo su espacio, pero sin permitir que lo abarque todo. Y decidir, dadas las circunstancias, cuál es el mejor camino para seguir y qué podemos hacer para que las cosas vayan a mejor.

Un ejercicio muy potente en este sentido es mirar la situación a la que nos enfrentamos en cada momento y pensar: «¿Qué debo hacer para que dentro de diez años, si echo la vista atrás, me sienta orgulloso de mi comportamiento?». Este es el poder que nadie nos puede quitar: la capacidad de movilizar nuestra energía en el presente para construir nuestro futuro.

A veces la dificultad a la hora de escribir los siguientes capítulos de nuestra novela radica en que no tenemos claro cómo queremos que sea ese «yo mejorado», esa mejor versión de nosotros mismos. O lo que es lo mismo: a veces nos cuesta responder a la pregunta «¿qué necesito y quiero cambiar?». Esta no es una pregunta que tengamos que hacernos todos los días, pero es importante que nos la hagamos de vez en cuando para no quedarnos atrapados en la rueda del hámster.

Para facilitar la reflexión al respecto, en ocasiones propongo el siguiente ejercicio, que te animo también a ti a hacer. Consiste en escribir tu propio panegírico, lo que en inglés se denomina *eulogy*. Probablemente sepas que en muchos países anglosajones o del norte de Europa es habitual, cuando una persona fallece, que sus amigos y familiares se reúnan y la recuerden. En ocasiones cuentan cómo esa persona tocó su vida e incluso explican anécdotas graciosas que son en realidad muestras de afecto. Se trata de celebrar su vida, no de llorar su muerte. Pues bien, lo que te propongo es que tomes un papel en blanco o aproveches tu cuaderno y escribas las cosas que te gustaría que tus amigos, tu pareja, tus hijos o tus compañeros de trabajo dijesen sobre ti. ¿Cómo te gustaría que te describieran? ¿Qué te gustaría que explicaran de su relación contigo? ¿Qué dirían sobre tus prioridades y sobre cómo afrontaste tu vida?

Este es un ejercicio extremadamente potente. Si al hacerlo emergen las lágrimas o cualquier otra expresión de emoción, deja que fluya. Te aseguro que esta mirada a tu futuro es una gran herramienta para decidir cómo seguir adelante.

Precisamente quiero terminar esta segunda parte con un poema titulado How do we go on? (Cómo podemos seguir adelante), traducido del inglés por mí y que reza así:

«¿Cómo podemos seguir adelante
cuando lo impensable ocurre?
¿Cómo podemos arrastrar la carga de saber
que el mundo puede ser cruel y peligroso,
el futuro impredecible?
¿Cómo lloramos nuestra pena con brazos vacíos
y la cabeza llena con los ecos de recuerdos?

Somos más fuertes de lo que creemos,
y así es como lo mostramos:
apoyándonos unos a otros,
dando confort en mitad del dolor.
Amando más intensamente,
a través de nuestras acciones y las cosas que decimos.
Haciendo el mundo un poquito mejor
cada día.
Nunca dando por sentada la vida,
sabiendo que nos puede ser arrebatada.

Este mundo puede traer la oscuridad profunda,
pero nosotros somos los portadores de la luz.
Uniremos nuestras llamas,
y brillaremos incluso en la noche más negra».

«Tienes ante ti una página en blanco, mil páginas en blanco. Puedes escribir en ellas una historia maravillosa, llena de retos y dificultades, de personas que te quieren y de oportunidades para explorar hasta dónde eres capaz de llegar».

4

MOVILIZANDO LA ENERGÍA DE LOS DEMÁS

QUÉ DISTINGUE A UN LÍDER DEL QUE NO LO ES

«Los líderes serán aquellos que impulsen a otros».
Bill Gates

Hemos visto hasta ahora algunos de los cambios más importantes que están ocurriendo en el mundo y cómo nos están afectando. También hemos visto cómo podemos cambiarnos a nosotros mismos y movilizar nuestra energía para afrontar con éxito no solo los cambios que se están produciendo, sino también los que están por venir. En el resto del libro vamos a ver cómo movilizar la energía de los demás para generar cambios en equipos y organizaciones. Es decir, vamos a hablar de liderazgo y de cómo ejercerlo.

Cuando hablo de liderazgo, sobre todo a personas jóvenes, no es infrecuente que algunas expresen que, en realidad, no quieren ser líderes de nada ni nadie. Suelen ser personas muy introvertidas que asocian el liderazgo con la charlatanería. A veces expresan cierta inseguridad en sí mismas y un rechazo a la presión que puede suponer tener a otras personas pendientes de lo que dices y haces. Sin embargo, lo queramos o no, todos somos líderes en la medida en que nos gestionamos a nosotros mismos e impactamos en las personas con las que interactuamos. Todos influimos, queriendo o sin querer. Somos, en cierta medida, *influencers*.

Recuperando la definición de liderazgo que vimos anteriormente, todos tenemos la capacidad de movilizar o desmovilizar la energía de los demás mediante nuestra interacción con ellos. A veces lo hacemos consciente y premeditadamente, y otras veces sin darnos cuenta. Aunque no tengamos una posición de liderazgo en una organización o no queramos actuar como líderes o referentes para los demás, todos de alguna forma y en alguna medida influimos en las personas de nuestro entorno, y lo hacemos en función de cómo movilizamos nuestra propia energía.

Una de las características esenciales de un líder en su capacidad de gestionar el cambio, no solo el cambio propio (lo que hemos llamado *autoliderazgo*), sino también el cambio en los demás. Cada persona debería ser capaz de movilizar su propia energía, pero por desgracia eso no siempre ocurre y nos encontramos frente a situaciones donde podemos desempeñar un papel muy importante: empoderar a otras personas para que inicien su propio cambio personal y, de esta forma, mediante la suma de muchos cambios individuales, generar cambios en las organizaciones.

De hecho, la capacidad de crear y liderar un cambio es lo que distingue a un líder del que no lo es. Esta es una de las muchas cosas que aprendí de Gary Reiner, CIO de General Electric, con el que tuve la fortuna de trabajar durante tres años. Gary es uno de esos líderes capaces de combinar la humildad con la asertividad y de poner foco en innovar y desarrollar a su equipo. Es una de las inteligencias más privilegiadas que he conocido. En uno de los viajes que hicimos juntos me preguntó: «¿Qué dirías que distingue a un líder de una persona que es solamente un buen jefe o un buen compañero?». Yo contesté algo así como: «La capacidad de inspirar». Gary lo valoró, pero repuso que eso no es exclusivo de los líderes. ¿Qué habrías contestado tú?

Tras un rato de deliberación, su respuesta, que se ha convertido en una referencia para mí, fue:

«Lo que distingue a un líder son dos cosas: la capacidad de crear y liderar el cambio y la capacidad de desarrollar a otros líderes».

Sabemos que, tradicionalmente, las personas que llegan a posiciones de «jefe» son aquellas que destacaban en el trabajo que hacen como contribuidores individuales. Rara vez se promueve a personas por su capacidad de generar un cambio o desarrollar a otros líderes, sino más bien porque caen bien, obtienen buenos resultados en su área o simplemente están disponibles (o una combinación de estos factores).

En el trabajo que hago con empresas me encuentro continuamente con situaciones donde las personas con la responsabilidad formal de liderar no tienen la capacidad de movilizar su propia energía, mucho menos la de las personas en su equipo. Pueden llegar a ser buenos jefes o compañeros, pero cuando tienen que salir de su zona de confort y conseguir que los demás los sigan aparecen sus carencias como líderes. En estas situaciones tienden a cerrarse al cambio, el ego se dispara, guardan información y no la comparten, quieren controlar todo y, desde luego, no están por la labor de desarrollar a nadie en el equipo que pueda representar una «amenaza». En resumen, se convierten en lo contrario de lo que necesitan las organizaciones en un mundo que cambia a un ritmo vertiginoso.

«Lo que distingue a un líder son dos cosas: la capacidad de crear y liderar el cambio y la capacidad de desarrollar a otros líderes».

¿EL LÍDER NACE O SE HACE?

«He fallado más de 9.000 tiros a lo largo de mi carrera. He perdido casi 300 partidos. Veintiséis veces han confiado en mí para realizar el lanzamiento definitivo y lo he fallado. De hecho, he fallado una y otra vez en mi vida. Es por eso por lo que he tenido éxito».
Michael Jordan

Como hemos visto, la capacidad de movilizar nuestra propia energía y la de los demás es una habilidad esencial hoy en día y la que nos convierte en líderes. Ahora bien, esta capacidad, ¿nos viene de nacimiento o es algo que aprendemos? Dicho de otra forma, ¿el líder nace o se hace? ¿Qué opinas tú? ¿En qué te basas?

Cuando hago está pregunta en mis charlas suele haber diversidad de opiniones. Los hay que piensan que el factor genético es más importante y lo argumentan diciendo que algunos niños exhiben, desde muy pequeños, una capacidad de liderazgo destacable. Ya en las guarderías, hay niños que parecen tener una confianza en sí mismos mayor que la del resto.

Con el tiempo, cada vez hay menos personas que defienden esta postura. Se ha popularizado la idea de que nuestras experiencias son más importantes que nuestros genes, algo que además avalan los estudios. El libro *Número uno: secretos para ser el mejor en lo que nos propongamos*, de Anders Ericsson, demuestra con múltiples ejemplos que el entorno es el responsable de hasta un 95% de la variación en el desempeño de distintos individuos (si prefieres algo más corto puedes leer el artículo «The making of an expert», del mismo autor, publicado en *Harvard Business Review* en julio-agosto de 2007). En este mismo sentido, ya he mencionado a Malcolm Gladwell y su obra *Fuera de serie*, que justamente popularizó la teoría de Ericsson, consistente en que todos los grandes expertos en una disciplina han dedicado un mínimo de 10.000 horas de práctica a dicha disciplina. Otras obras interesantes sobre esta cuestión son *El talento está sobrevalorado*, de Geoff Colvin, y *Las claves del talento*, de Dan Coyle, que insisten en los mismos principios.

Los factores genéticos pueden ser más importantes en algunas disciplinas. Por ejemplo, ser alto puede ser importante para dedicarse al baloncesto o tener unos dedos largos puede ayudar a convertirse en un buen pianista. También ser guapo/a ayuda, pues está demostrado que la gente más guapa tiene más éxito en general (los demás, afortunadamente, seguimos teniendo oportunidades). En el sentido contrario, nacer con algún tipo de malformación física o mental obviamente puede ser un hándicap natural, aunque numerosos casos ponen en evidencia que estas personas, con el estímulo adecuado, pueden conseguir metas impensables hace un tiempo. Un ejemplo cercano es el de mi amigo Francisco Daneliuc, hijo de mi compañera Karin, que sufre parálisis cerebral desde su nacimiento. Puedes encontrar su charla TEDx en internet. Seguro que te emocionará, como también lo hará la historia de Dick Hoyt y su hijo Rick.

El liderazgo no es una de esas disciplinas donde la genética marca la diferencia. No nacemos siendo líderes, teniendo una capacidad innata de movilizar nuestra energía, de regular nuestras emociones y de conectar con otras personas. Todo ello se aprende a través de las experiencias que tenemos desde pequeños y depende mucho de los mensajes que recibimos desde nuestra niñez y del entorno en el que crecemos.

Sí es cierto que nacemos con cierta predisposición a adoptar una serie de actitudes y roles, pero esa predisposición se manifiesta cuando el entorno es favorable y queda solapada cuando no lo es. Imagina un bebé con cierta predisposición a la agresividad, con tendencia a producir mucha testosterona, cortisol y adrenalina. Si el niño crece en un entorno donde no hay lugar para la violencia, es muy probable que no sea una persona violenta; tal vez sea muy activa, pero no violenta. De la misma forma, un bebé con predisposición a la calma puede convertirse en una persona agresiva en un entorno de desarrollo plagado de violencia.

Empezamos a construir el tipo de persona que vamos a ser desde el primer minuto de nuestra vida, y en ese proceso influye mucho la confianza que nos proporciona el entorno. Un bebé que desde que nace siente el contacto físico con la madre, que recibe abrigo cuando tiene frío y alimento cuando tiene hambre, que es el centro de atención de sus padres y hermanos, que es escuchado y valorado, sin duda será más proclive a tener autoconfianza y a relacionarse con los demás sin barreras. En cambio, un bebé que nace en condiciones muy difíciles y que no recibe las atenciones mínimas, sin duda será menos proclive a confiar en los demás, no digamos ya si sufre abusos o crece en un entorno conflictivo.

En tu caso, ¿recibiste cariño y atención? ¿Tus padres fueron severos contigo o más bien cariñosos? ¿Estuvieron presentes o te crió una figura diferente (abuelos, tíos, etc.)? ¿Qué relación tuviste con tus hermanos? ¿Eras popular en la escuela? ¿Se te daban bien los deportes? ¿Te hacían *bullying*? ¿Tuviste amigos en los que pudiste confiar? ¿Mantuviste al crecer relaciones sentimentales gratificantes o traumáticas? ¿Perdiste en algún momento a alguien importante en tu vida? Tu primer jefe, ¿te dio confianza o te la quitó? ¿Te han despedido alguna vez?

Estas y muchas otras como estas son el tipo de preguntas que nos pueden ayudar a explicar por qué somos como somos. Anota en tu cuaderno tus respuestas a esas preguntas y reflexiona sobre ellas.

Mejor o peor, a lo largo de la vida hemos aprendido a liderarnos. De la misma forma, podemos aprender a liderar desde hoy mismo. Siempre estamos en proceso de aprendizaje y siempre podemos aprender a movilizar mejor nuestra energía y la de los demás, porque somos y seguiremos siendo un «producto» sin terminar. Nuestro viaje hacia una mejor versión de nosotros mismos, hacia esa persona que nos gustaría ser y que sabemos que la gente que nos quiere querría ver, no termina nunca. Afortunadamente, el trabajo para mejorar merece la pena.

«El liderazgo no es una de esas disciplinas donde la genética marca la diferencia. No nacemos siendo líderes».

LA CONFIANZA

«Las personas no se resisten al cambio.
Se resisten a ser cambiadas».
Peter Senge

En ese proceso de mejora, como comentábamos algunos capítulos atrás, las personas experimentamos cierta resistencia al cambio. Cuando actuamos como líderes y tratamos de movilizar la energía de los demás, a menudo aparece también esa resistencia. Cabe, por tanto, hacerse una pregunta: ¿tenemos los humanos una resistencia natural al cambio?

La respuesta es sí y no.

Por un lado, nos gusta la predictibilidad y la necesitamos para no estar siempre alerta. Nos gusta que ciertas cosas no cambien porque eso nos da seguridad.

Por otro, y en un sentido opuesto, nos aburre que todo sea siempre igual y necesitamos experiencias nuevas y variedad de estímulos. No queremos hacer lo mismo toda la vida: comer lo mismo todos los días, relacionarnos siempre con las mismas personas, hacer siempre el mismo trabajo.

Cuando nos resistimos al cambio, en realidad nos resistimos a la incomodidad o al dolor que ese cambio puede provocarnos, a la posibilidad de perder algo que tenemos o al esfuerzo que puede suponer adaptarse a una nueva situación. Si supiésemos con total certeza que los cambios no nos van a perjudicar ni a traer consecuencias negativas, ¿no crees que estaríamos mucho más predispuestos a cambiar?

No obstante, sabemos que la vida no funciona así, que los cambios a veces nos incomodan, nos duelen o exigen de nosotros un esfuerzo. La realidad es esta. Por eso, la mayoría de las personas se resisten con uñas y dientes a cambiar o a ser cambiadas. Y por eso mismo la mayor parte de las iniciativas de cambio en las empresas fracasan.

Debemos tener en cuenta esto si deseamos movilizar la energía de otras personas hacia el cambio y la novedad. En ese proceso hay un factor determinante, que marca la predisposición de las personas a aceptar cambios: la confianza. Los seres humanos estamos mucho más dispuestos a intentar cambios, incluso cuando existe una posibilidad de error, si tenemos plena confianza en las personas que nos están proponiendo este cambio, porque pensamos que son genuinos y tienen también nuestro bienestar en mente. Entendemos que el cambio es necesario, más aún en el mundo digital en el que estamos, pero nos resistimos cuando no confiamos en las personas o en las organizaciones que proponen esos cambios. Como veremos más adelante, en la última parte del libro, el problema es que la mayoría de las organizaciones se han deshumanizado y no proveen el contexto de confianza necesario para que las personas se sientan favorables al cambio.

Como asegura el profesor Robert Kegan en su libro *An everyone culture*: «En una organización típica, la mayor parte de las personas están haciendo un segundo trabajo por el que nadie les paga, (…) dedican tiempo y energía a cubrir sus debilidades, gestionar la impresión que otros tienen de ellos, mostrar su cara más favorable, politiquear, esconder sus incapacidades, esconder su incertidumbre, esconder sus limitaciones. ¡Esconderse!». En esta cita se resume el reto principal que tenemos hoy en día en las organizaciones para cambiar: generar confianza para que las personas den lo mejor de sí mismas.

Otra persona que opina en términos parecidos es Indra Nooyi, la que fue CEO de Pepsico, que en una conferencia declaró: «Mi mayor preocupación es que las personas que forman parte de esta organización se aparquen en la puerta cuando vienen a trabajar, que durante unas horas tengamos una versión reducida de sus capacidades y que se recojan a sí mismos a la salida para irse a su casa». Es muy difícil movilizar la energía de las personas en una organización cuando no nos están dando más que una pequeña parte de su potencial porque están desilusionadas, desconectadas del propósito y la estrategia de la empresa, molestas con jefes incompetentes, asustadas por las reducciones de personal, etc.

La empresa Gallup es responsable del *State of the Global Workplace Report*, el estudio anual más importante sobre el compromiso de los empleados, que publican *online* todos los años. Según Gallup, el porcentaje de empleados a nivel global que se considera comprometido con su trabajo es del... ¡21%! ¡Solamente uno de cada cinco empleados se considera realmente comprometido! Por el contrario, el 60% se declaran emocionalmente desconectados y el 19% aseguran estar muy mal.

Frases como «esperando a que llegue el fin de semana», «viendo las manecillas del reloj moverse» o «el trabajo es básicamente una nómina» se han convertido en mantras de una parte muy importante de los trabajadores. Algunas empresas llevan a cabo acciones orientadas a mejorar el compromiso, como la reducción del número de horas o jornadas, la posibilidad de conciliar trabajo y familia o la opción de trabajar en remoto, pero de nada sirven si el tiempo que pasan trabajando es percibido como un sacrificio o una tortura.

Crear un clima de confianza es clave para vencer la resistencia al cambio y llevar a cabo cualquier transformación. Así lo pone en evidencia un estudio que Google puso en marcha en 2012 y que bautizó como Proyecto Aristóteles. Se recopiló información relativa al trabajo de unos 180 equipos a lo largo de dos años, con unas 37.000 personas implicadas de una manera u otra. Los resultados fueron reveladores. Para que un equipo funcionase tenían que confluir cinco factores:

1. Fiabilidad *(dependability)*
   Los miembros del equipo deben completar de forma regular las tareas que se les asignan y hacerlo con buena calidad. Lo contrario sería eludir responsabilidades o no cumplir con lo prometido.
2. Estructura y claridad *(structure and clarity)*
   Debe haber claridad en lo que se espera de cada uno de los miembros del equipo, que deben contar con un proceso y con los recursos necesarios para llevar a cabo su trabajo.
3. Propósito *(meaning)*
   Los empleados deben tener la sensación de que lo que están haciendo importa de alguna manera. Distintas personas ten-

drán distintos raseros y medidas de qué constituye un propósito válido, pero sea cual sea, es importante encontrarlo.

4. Impacto *(impact)*
   Todos los miembros del equipo deben tener la percepción de que su contribución individual es importante para el desempeño del equipo o la empresa.

5. Seguridad psicológica *(psychological safety)*
   La seguridad psicológica es producto de un clima donde imperan la confianza y el respeto entre los miembros del equipo y donde cada uno se siente cómodo siendo él mismo. Pueden hablar sin temor a ser rechazados, humillados o castigados.

Este último se consideró el factor más necesario para que un equipo funcione. Los miembros de este deben sentir que pueden traer a la organización el cien por cien de quienes son; que no necesitan ponerse una careta o «aparcarse» en la entrada, como decía Indra Nooyi; que pueden confiar en que el entorno es seguro para tomar iniciativas y asumir riesgos. Paul Santagata, responsable del área de Industria en Google, lo dijo así de claro: «No hay equipo sin confianza».

La mayoría de las personas damos lo mejor de nosotros mismos al grupo en situaciones difíciles o en entornos exigentes. Ahora bien, para que eso se produzca tenemos que sentir que todos los miembros del equipo están alineados y remando en la misma dirección. Si es así, sentimos esa «seguridad psicológica» de la que habla el estudio de Google. Nos esforzamos al máximo y hacemos todo lo posible. Y si las cosas no salen, un abrazo y seguimos adelante. Porque la seguridad psicológica no es ausencia de retos o que todo salga bien; es sentirse importante para el grupo y protegido por el grupo, que trabaja por una causa común que está por encima del beneficio individual.

El Proyecto Aristóteles nos confirma la importancia de crear seguridad psicológica a través fundamentalmente de vínculos emocionales que hacen que las personas sientan que pueden ser ellas mismas. Cuando estamos en un entorno así, nuestros mecanismos de alerta del cerebro se desactivan y permiten que nuestra capacidad intelectual y cognitiva estén a pleno funcionamiento. Además, hace que tengamos una visión más positiva de lo que tenemos enfrente.

¿Cómo conecta esto con nuestro objetivo de movilizar la energía de los demás? De dos maneras fundamentales:

1. La importancia de trabajar sobre nosotros mismos, de identificar aquellas áreas donde tenemos que mejorar y actuar siguiendo un plan y contando con los apoyos necesarios para ejecutarlo. En este sentido, sería importante que te preguntaras: ¿te sientes psicológicamente seguro en tu trabajo o tu entorno personal para acometer los cambios que tienes que realizar? Si la respuesta es sí, enhorabuena, y a por ello. Si es no, sé consciente del impacto que puede tener esa carencia y prepárate para compensarla.

2. Dado que todos, consciente o inconscientemente, movilizamos la energía de otros y somos en cierta forma líderes, deberías preguntarte si estás generando seguridad psicológica a tu alrededor o no. ¿La creas para tu familia, tus hijos, tus compañeros de trabajo? Si la respuesta es claramente afirmativa, felicidades: movilizar la energía de esas personas será mucho más fácil. Si es negativa, sigue leyendo.

«Crear un clima de confianza es clave para vencer la resistencia al cambio y llevar a cabo cualquier transformación».

CREANDO LA SEGURIDAD

«Es la confianza mutua,
más que el interés mutuo, la que mantiene
unidos los grupos humanos».
H. L. Mencken

Como hemos visto, todos tenemos nuestras propias autopistas neuronales generadas a lo largo de nuestra vida, que explican por qué somos como somos y actuamos como actuamos. Una parte importante de esas autopistas están creadas para evitar riesgos. Si un cambio se percibe como peligroso, nuestro cerebro se resiste. Como líderes, para desmontar esas autopistas y ayudar a crear otras necesitamos transmitir esa seguridad psicológica de la que hablábamos en el capítulo anterior. ¿Cómo? Vamos a verlo en las siguientes páginas.

Amy Edmondson, una de las grandes expertas en seguridad psicológica, propone en su libro *The fearless organization* algunas reglas generales para crear un entorno seguro:

- Plantear el trabajo que tiene que hacer el equipo como un ejercicio de aprendizaje continuo, no como un reto de ejecución.
- Mostrar tu propia vulnerabilidad y falibilidad.
- Hacer muchas preguntas que nazcan de la curiosidad, no de la inquisición.

Añadiría algunas otras. Por ejemplo, tener una actitud positiva y constructiva. Un buen amigo, Felipe Gómez, colombiano afincado en EE. UU. y uno de los conferenciantes más demandados a nivel mundial, explica que todos emitimos con nuestra actitud una especie de música que afecta a nuestro entorno. Para demostrarlo de manera práctica, en su conferencia titulada Virtuoso, que puedes encontrar en internet, se acompaña de un piano en el escenario y lo utiliza para equiparar las cualidades que hacen que un músico sea un virtuoso con comportamientos que un líder debería adoptar para convertirse en una inspiración.

La primera de esas cualidades es ser capaz de adoptar una actitud que transmita confianza y seguridad. Las actitudes, según explica Felipe, «suenan», se transmiten como si nuestro pecho fuera un gran altavoz. Lo queramos o no, nuestra presencia influye en los demás y nuestra actitud (nuestra «música») puede hacer que esas personas se abran o, por el contrario, activen sus mecanismos de defensa.

¿Te has preguntado alguna vez a qué suena tu música? ¿Qué escuchan las personas de tu entorno cuando te acercas? ¿Música alegre y energética? ¿Música tristona? ¿Música de terror? Reflexiona un momento y responde a continuación a estas preguntas: ¿qué clase de música dirías que transmite tu actitud a los demás en el trabajo, en casa y en otros entornos? ¿Dirías que la «música» es diferente según el lugar y las personas con las que te relacionas? ¿Estás seguro/a de eso?

Además de la actitud, otra clave para generar un entorno seguro donde las personas o los equipos puedan dar lo mejor de sí mismos es transmitir un propósito claro. Lo ponía en evidencia el Proyecto Aristóteles, del que te he hablado anteriormente: para que un equipo se mantenga cohesionado y sea eficaz, sus miembros deben tener la sensación de que están haciendo algo que «importa», que constituye un propósito válido. El papel del líder en este sentido es generar y recordar ese propósito. Aunque el objetivo sea difícil y el reto sea incierto, los miembros del equipo sentirán la seguridad psicológica de tener un propósito y un liderazgo claros, y estarán dispuestos incluso a sacrificarse. De hecho, el sacrificio es un sufrimiento con propósito, un esfuerzo, dolor o pena que se experimenta por un fin que para nosotros es muy importante. Tener un propósito con el que conectar puede hacer que superemos muchas de las dificultades lógicas de trabajar en equipo y afrontemos los cambios con una actitud diferente.

Generar un propósito para una organización, equipo o persona y crear de esta forma la necesaria seguridad psicológica no es tarea fácil. Hay demasiados eslóganes tipo Mr. Wonderful que no generan identificación ni conexión. Estudios de la agencia Gallup afirman que solamente el 27% de los empleados tiene una conexión fuerte con los valores de su empresa. Dándole la vuelta a esta cifra, el 73% no siente esa conexión, de modo que su compromiso y su motivación son bajos. Piensa en el desperdicio de energía que eso supone para las organizaciones, especialmente en un contexto de cambio constante como el actual.

A la hora de generar y definir un propósito, los siguientes dos consejos pueden serte útiles:

1. Que sea aspiracional, pero realista. El propósito debería ser una aspiración que inspire, pero sin estar demasiado lejos de lo posible y razonable para la organización o el equipo. De lo contrario, corremos el riesgo de perder toda credibilidad y generar el efecto contrario al deseado, o sea, de rechazo en lugar de afiliación.
2. Que el equipo lo sienta como propio. Para que un propósito cumpla su objetivo de crear seguridad psicológica, los miembros del equipo lo tienen que sentir como propio. No es necesario abrir un proceso democrático para definir el propósito, pero sí es importante tener en cuenta al equipo a la hora de transformarlo en acciones concretas. El QUÉ lo decide el líder, pero el CÓMO se puede decidir entre todos.

«Lo queramos o no, nuestra presencia influye en los demás y nuestra actitud (nuestra «música») puede hacer que esas personas se abran o, por el contrario, activen sus mecanismos de defensa».

BIENESTAR FÍSICO Y EMOCIONAL

«Tenemos dos vidas. La segunda empieza cuando nos damos cuenta de que solo tenemos una».
Confucio

La conexión entre el bienestar físico y emocional y la seguridad psicológica es un camino de dos direcciones. Por un lado, trabajar en un entorno donde sentimos que podemos ser nosotros mismos tiene beneficios evidentes para nuestra energía, tanto física como emocional. Por otro, estar bien nos ayuda a generar contextos emocionalmente más productivos.

Nuestro estado físico y emocional marca nuestra capacidad de contribuir a crear un entorno psicológicamente seguro. Si estamos cansados, hambrientos, enfadados o simplemente tristes es casi seguro que tendremos menos paciencia con nuestros compañeros, menos energía y, en definitiva, menos capacidad para movilizar la energía de los demás.

Piensa en el siguiente ejercicio que proponía el profesor John Weeks. Imagínate el peor jefe que has tenido en tu vida, o la peor situación profesional de la que tengas recuerdo (y que espero que, por tu bien, sea en el pasado). Imagina también que ahora te ofrecen volver a esa situación de la que espero que hayas podido salir: ¿cuánto te tendrían que pagar para que aceptases regresar a ese entorno? O, desde otro ángulo, ¿cuánto estarías dispuesto a rebajar tu salario para librarte de ese entorno en caso de que estés inmerso/a en él ahora mismo? Esta reflexión permite visualizar muy bien el coste que tiene estar alejados de una situación de seguridad psicológica.

El bienestar emocional es mayor si ponemos nuestro cuerpo en la disposición adecuada: si nos movemos, si comemos adecuadamente y si dormimos suficiente y bien. Si no tienes buenos hábitos en cualquiera de esas tres dimensiones (actividad física, alimentación y sueño), debes crearlos, es decir, debes crear nuevas autopistas neuronales mediante la práctica.

Yo era de los que dormían poco más de cinco horas al día y pensaba que era suficiente. Además, me jactaba de ello y lo proclamaba a los cuatro vientos. Ahora soy consciente de que una parte importante de mi mal carácter venía provocado por el cansancio que acumulaba, que me hacía estar más irascible. Un libro me abrió los ojos a la importancia del sueño: *Por qué dormimos*, de Matthew Walker. Te lo recomiendo encarecidamente (como, por cierto, todos los que voy mencionando, que puedes encontrar detallados en el apartado Bibliografía).

El ejercicio ha sido otro de los elementos que se ha convertido en un fundamento para mi bienestar desde que decidí, tras mi paso por el programa Advanced *High Performance Leadership* en 2010, que iba a hacer algo que no pensaba que fuese posible para mí: ¡correr un maratón! Y no solo corrí un maratón, sino que cinco años después, en 2015, completé un triatlón *Ironman* (por si no lo conoces, consiste en nadar 3,8 kilómetros en aguas abiertas, 180 kilómetros en bicicleta y correr un maratón, o sea, 42,195 kilómetros). Mis autopistas neuronales del ejercicio están ahora bien desarrolladas y el deporte se ha convertido en una fuente de energía constante para mí.

Respecto al bienestar emocional, afortunadamente se están reduciendo los estigmas asociados a las enfermedades mentales, pero queda muchísimo camino por recorrer. La Organización Mundial de la Salud estima que el 15% de los adultos en edad de trabajar sufren algún tipo de enfermedad mental, y que los entornos de trabajo negativos (por discriminación, injusticias, exceso de carga de trabajo, bajo control sobre el entorno profesional, inseguridad, precariedad, *bullying*, tener un puesto muy por encima o muy por debajo de nuestras capacidades, etc.) son una de las principales causas de ello. Las soluciones a este problema y su impacto a la hora de crear entornos proclives al cambio son complejas. Si estás en una posición donde tienes la capacidad de crear un entorno que facilite hablar de estas cosas, tienes un poder importante. En este sentido, las reuniones de mi equipo que hacemos presencialmente una vez al mes empiezan con un tiempo para explicar cómo nos sentimos todos, empezando por mí. Es importante que la persona de más autoridad modele el comportamiento y se haga vulnerable frente al grupo, que normalice el poder hablar de cómo estamos.

Si no estás en esa posición de autoridad y crees que influir en la seguridad psicológica del grupo está fuera de tu alcance, es importante que te centres en cuidarte tú mismo. ¿Cómo cuidarse uno mismo emocionalmente? Una parte de lo que podemos hacer lo hemos estado comentando en los capítulos anteriores, cuando hablamos de por qué somos como somos y de crear autopistas nuevas como un primer paso hacia ese bienestar emocional. Te recuerdo la importancia de no hacer este viaje solos. Como nos mostró Victor Frankl con su experiencia en los campos de concentración, podemos gestionar una parte importante de nuestro bienestar emocional solos, pero es mucho mejor y más fácil cuando nos rodeamos de personas que nos quieren y nos valoran. ¡No descuides esto!

«El bienestar emocional es mayor si ponemos nuestro cuerpo en la disposición adecuada: si nos movemos, si comemos adecuadamente y si dormimos suficiente y bien».

LA IMPORTANCIA DE ESTABLECER VÍNCULOS

«Casi todas las cosas buenas que suceden en el mundo nacen de una actitud de aprecio por los demás».
Dalái Lama

En el contexto de un equipo o grupo de personas que tienen que trabajar juntas, los vínculos emocionales entre ellas son muy importantes para el bienestar emocional de todos y para el desempeño del grupo. El *Proyecto Aristóteles* de Google enfatizaba que en los equipos con mejor desempeño había una especial sensibilidad emocional de los participantes, lo que contribuía a generar esa seguridad psicológica de la que venimos hablando. Esa sensibilidad se manifiesta en poder compartir, en darse cuenta de si un compañero no lo está pasando bien, en invitar a participar a alguien que no ha contribuido en una reunión, en aceptar las diferencias entre los miembros del equipo, etc. Para ello, la creación de esos vínculos es fundamental.

Cuando existen vínculos emocionales con las personas que tenemos alrededor, nuestros mecanismos de defensa, es decir, los resortes que nuestro cerebro pone en marcha en su continua búsqueda de nuestra supervivencia, no se activan al mismo nivel que cuando estamos en situaciones que nuestro cerebro percibe como potencialmente amenazadoras. En una situación de cambio constante, donde es fundamental aprovechar al máximo los recursos cognitivos y la motivación de todos los miembros de un equipo, el esfuerzo y la energía dedicados a vigilar posibles amenazas o peligros puede marcar la diferencia entre un equipo que funciona y otro que no.

¿Tienes que hacerte amigo/a de todos tus compañeros? ¡No, claro que no! Se pueden crear vínculos emocionales sin necesidad de desarrollar una amistad. De hecho, se pueden crear vínculos emocionales incluso con delincuentes. El profesor George Kohlrieser, del que te he hablado antes, explica en su libro *Hostage at the table* que el 95% de las situaciones con toma de rehenes se resuelven favorablemente, es decir, sin daños para la vida de los rehenes o el secuestrador, cuando interviene un negociador. ¿Sabes cuál es la clave para que esto sea así? La creación de un vínculo emocional entre el negociador y el secuestrador, que como podrás entender no es una amistad. Por tanto, podemos crear vínculos emocionales incluso con personas que aborrecemos. ¿Funcionará en el 100% de los casos? Por supuesto que no. ¿Deberíamos intentarlo en el 100% de los casos? ¡Por supuesto que sí!

Estoy convencido de que si echas la vista atrás y revisas esos momentos de tu vida en que has trabajado con otras personas y has dado lo mejor de ti mismo/a, seguro que se dieron este tipo de vínculos, esenciales para crear esa seguridad psicológica que buscamos. Si crees, no obstante, que en estos momentos de tu vida necesitas mejorar tus vínculos, te animo a que practiques lo siguiente:

1. Mostrarte vulnerable

Los vínculos no se imponen, se construyen. Y se construyen cuando ambas personas se ven y se aprecian como seres humanos, con virtudes y defectos, con fortalezas y debilidades. Si quieres conectar con una persona quítate la máscara y muestra algo auténtico de ti, algo que te humanice. Hay personas que se sienten incómodas compartiendo aspectos personales, incluso temen que los puedan usar en su contra. Tal vez han tenido experiencias negativas cuando se han abierto. Pero no te estoy hablando de explicar intimidades, basta con que vayas un poco más allá del «qué has hecho el fin de semana» o «qué buen tiempo hace para ser enero» y muestres algo de ti, que tomes algún riesgo sin esperar nada a cambio, que te aventures a compartir alguna preocupación, algún sueño o algún problema que te esté afectando en estos momentos. Algo, en definitiva, que al otro o la otra le permita conectar de verdad contigo. No esperes siempre a que den otros el primer paso, tú también puedes darlo.

Andreu Alfonso, *coach* y experto en equipos de alto rendimiento (además de amigo), propone el siguiente ejercicio para empezar a crear vínculos en un equipo cuando sus miembros no se conocen todavía entre sí. Consta de tres pasos:

A. Escribe en una hoja tres preguntas que, si no tuvieses ninguna limitación, le harías a alguien que acabas de conocer para conocerlo realmente.

B. Une tus tres preguntas a las del resto de tu equipo y elegid entre cinco y diez para hacer una lista. En una ocasión hice este ejercicio con unos compañeros de ISDI y aparecieron preguntas como estas:
   - ¿Cuándo fue la última vez que lloraste?
   - ¿Qué te parece tan serio que nunca bromearías sobre ello?
   - ¿Qué es lo que más te preocupa en tu vida ahora mismo?
   - ¿Cuál es la pérdida más importante que has experimentado en tu vida y qué huella te ha dejado?
   - ¿Podrías decir una canción que te represente?
   - ¿Qué te da miedo que te pregunten?
   - Etc.

C. Finalmente, cada miembro del equipo dispone de dos minutos para contestar las preguntas de esa lista que prefiera.

Un equipo no será el mismo después de este ejercicio si hay un mínimo de coraje en sus miembros. Atrévete a empezar tú y a responder sinceramente, pues así abrirás el camino. Si tus respuestas son poco sinceras o de poca profundidad, los demás sospecharán que te estás protegiendo y probablemente harán lo mismo. En cambio, si ven que te muestras, tenderán a hacer los mismo, ya que percibirán que están en un entorno seguro.

Mostrar nuestra vulnerabilidad es todo un reto, especialmente para aquellos que nos encontramos en posiciones más senior o de mayor responsabilidad, pues normalmente sentimos la presión de no fallar, de ser cuasiperfectos, de no mostrar emociones (mucho menos debilidades) y de soportar los reveses sin que nos hagan ni una muesca en el armazón. En muchísimas empresas (¿la mayoría?) las reuniones periódicas donde se reúnen los cargos más altos de la organización son un perfecto ejemplo de entorno carente de seguridad psicológica, en el sentido de que nadie se siente seguro. Todos se sienten observados por sus compañeros y, sobre todo, por sus superiores. En estos casos, es responsabilidad del CEO o de la persona de rango mayor mostrar el tipo de comportamiento que se espera en el resto de la organización y compartir, de corazón, cómo se siente. Seguramente pensarás: «Sí, claro, un CEO mostrándose vulnerable delante de otros que están intentando quitarle el puesto...». Por desgracia, tienes razón: esto es muy infrecuente. Y esta es una de las razones por las que tantas y tantas organizaciones no están, y quizás no lo estén en el futuro, preparadas para el cambio que necesitan acometer.

Hay CEOs que lo han hecho, o al menos lo han intentado. Referirse a ellos siempre es peligroso, porque a veces sus historias no terminan bien, pero me voy a arriesgar. Piensa, por ejemplo, en Satya Nadella, el CEO de Microsoft, al que se le atribuye una gran parte del mérito de haberle dado la vuelta al gigante tecnológico, que parecía ir en declive, para convertirlo en una de las empresas de referencia. Satya tuvo un hijo, Zain, que nació con parálisis cerebral y que lamentablemente falleció a principios de 2022. Desde su primer día en el cargo compartió lo que significó para él el nacimiento de Zain y lo que aprendió durante los 26 años en que estuvo cuidando de él. En una entrevista que concedió a Bloomberg, Nadella explicó: «Yo tenía 29 años cuando Zain nació. Hasta una hora antes de su nacimiento, solo pensaba en cómo iban a cambiar nuestros fines de semana ahora que íbamos a tener un hijo (...). Pero todo cambió después de esa noche». Confesó que se sintió contrariado tras el nacimiento, que se preguntaba por qué le había pasado a él y qué iba a pasar con todos los planes que habían hecho. Con los meses aprendió, gracias a la entrega de su mujer, que había dejado su trabajo como arquitecta para cuidar al niño, que era posible ver la vida desde los ojos de Zain y sentir una profunda empatía. Cuando unos años más tarde su hija menor nació también con algunas complicaciones de aprendizaje bastante serias, les encontró preparados y respaldados por la gran comunidad de personas que habían creado a su alrededor. Compartir su experiencia hizo que el viaje fuera mucho más sencillo. ¿Te imaginas cuántas personas han pasado por situaciones similares y han conectado inmediatamente con Satya Nadella, incluso sin conocerle?

Compartir quiénes somos, en especial cuando nos mostramos genuinamente vulnerables, nos conecta con los demás.

Empieza tú. Comparte.

2. Dedicar tiempo a construir vínculos

Crear vínculos emocionales con aquellos que nos caen bien siempre suma, pero ocurre de forma natural, no tenemos que esforzarnos. Nos resulta fácil pasar tiempo con ellos porque ya hemos creado una autopista neuronal por la que el vínculo «circula» de forma fluida. En cambio, cuando no sentimos esa «química» en el trato con alguien, nos cuesta iniciar una conversación y más aún dedicarle tiempo. Sentimos que tenemos personalidades muy diferentes o intereses muy alejados. Pero son precisamente estos vínculos los que requieren que les dediquemos algo de tiempo.

Bien sea en el contexto del equipo o a nivel particular, reserva un tiempo en la agenda sin distracciones para poder conversar con personas de tu equipo con quienes en un principio no tienes mucho en común. Si todavía no te sientes preparado/a para conversar, dedica antes algo de tiempo a conocer un poco más sobre esta persona, bien sea a través de otras personas o buscando en redes sociales. No se trata de acosar, sino de encontrar algo que te permita abrir un punto de conexión.

Es sorprendente cómo, cuando uno es capaz de atravesar la primera capa de resistencia o de duda, aparecen puntos en común con casi cualquier persona: lugar de procedencia, música, deportes, hijos, sectores, lugares de vacaciones, edad, aficiones, lecturas, películas, objetivos, religión, política…Hay decenas, cientos de posibles puntos de contacto para crear un vínculo emocional. Solo hay que dedicar el tiempo necesario a encontrarlos.

3. Ser genuino/a

Liderazgo, como hemos ido viendo, es la capacidad de movilizar energía, empezando por la tuya propia y siguiendo por la de aquellos con quienes te relacionas. Si quieres movilizar la energía de los demás para afrontar el cambio con éxito y crear entornos de crecimiento, tanto personales como profesionales, tienes que dedicar una parte no pequeña de tu energía a crear vínculos emocionales. Y tienes que hacerlo de manera auténtica, genuina, no superficial ni impostada. Si no eres capaz de sentir una mínima curiosidad por entender un poco mejor a la persona que tienes delante, con sus virtudes y sus defectos, con sus propias autopistas neuronales, ¡no intentes fingir que estás interesado!

Ser genuino/a en los vínculos significa interesarte realmente por las personas que te rodean, en el trabajo, en casa y en el resto de los espacios de relación. Si preguntas a alguien qué tal está, escucha realmente su respuesta, no mires al cabo de dos segundos hacia otro lado ni, peor aún, a la pantalla de tu móvil. Piensa en cómo te sentirías si te lo hicieran a ti, o cómo te has sentido si te lo han hecho alguna vez. Hables con quien hables, incluso si esa persona no te cae bien o está mostrando un comportamiento cuestionable, muestra un interés genuino por ella. Seguramente hay alguna razón para su actitud o su comportamiento. Trata de sentir compasión. Como reza la cita de John Watson que vimos en un capítulo anterior, «todo el mundo que conoces está librando una batalla de la que no sabes nada; sé amable, ¡siempre!».

Es posible mostrar un interés genuino por cualquier persona, incluso por un delincuente, como hace mi querido George Kohlrieser cuando negocia con un secuestrador. Y si es posible crear un vínculo emocional en una situación límite como esa, con una persona tan distinta a nosotros y a la que despreciaríamos en condiciones normales, ¿por qué no hacerlo con las personas de nuestro alrededor?

Por desgracia, lo más común es crear vínculos superficiales incluso con las personas que nos caen bien. Seguramente sabemos lo que han hecho el fin de semana o si tienen alguna afición, pero poco o nada sobre qué ha experimentado esa persona en su vida que ha hecho que sea como es hoy. Si hay una voluntad de apertura, eso cambia. Por ejemplo, a menudo he visto, en trabajos de *coaching* grupal, cómo algunas personas comparten en apenas 48 horas más de lo que han compartido con nadie en toda su vida (y este «nadie» en ocasiones incluye a sus parejas).

Existen algunas pautas útiles a la hora de enfrentarte a conversaciones difíciles o con personas que no nos caen bien:

1. No evites la conversación. Si hay un conflicto, no dejes que se enquiste.
2. Intenta mantener las emociones bajo control y entender la perspectiva de la otra persona. En la medida de lo posible, identifica qué necesidad tiene la otra persona que subyace a lo que está ocurriendo. Piensa también en por qué es una situación conflictiva para ti.
3. Ponte mentalmente en una situación en la que ves la resolución del conflicto como una oportunidad y un reto que quieres acometer.
4. Cuando estés en el estado emocional correcto, intenta crear un vínculo emocional con la otra persona. Hemos visto antes algunos de los elementos clave para generar ese vínculo, así que no vamos a repetirlos aquí, pero podemos añadir que una de las formas de generar un vínculo es encontrar un objetivo común. Para ello, sigue este orden:
   A. Pon sobre la mesa el hecho de que existe una situación conflictiva.
   B. Acepta la posibilidad de que haya argumentos por ambas partes sobre el origen del conflicto.
   C. Ofrece un punto de vulnerabilidad diciendo que te gustaría resolver la situación y pidiendo la colaboración de la otra persona.
   D. Intenta encontrar un objetivo común preguntando y escuchando atentamente lo que la otra persona dice y lo que no dice. Si no puedes encontrar un objetivo común, por lo menos intenta acordar con la otra persona seguir dialogando para encontrarlo.
   E. Cierra la conversación intentando dejar el vínculo emocional en mejor estado que al inicio de la conversación. Si habéis llegado a resolver el conflicto, agradece la voluntad de llegar al acuerdo; si no, deja la puerta abierta a seguir dialogando más adelante.

En un contexto de intentar movilizar la energía de otras personas es inevitable que surjan conversaciones difíciles y conflictos. Debes afrontarlos sin convertirte en rehén emocional de la situación, con la voluntad de encontrar una solución y con el convencimiento de que hay una razón por la que la otra persona siente que está en conflicto contigo. Tu trabajo es intentar entender más sobre esa razón.

Durante más de diez años he tenido la oportunidad de ayudar a cientos de ejecutivos de todo el mundo a recrear conversaciones difíciles de todo tipo a través de juegos de rol donde otra persona hace el papel de aquella con la que tiene el conflicto. Esta es una magnífica herramienta para practicar cómo resolver estas situaciones. Normalmente imaginamos la conversación en nuestro cerebro y nos visualizamos diciendo cosas lógicas y manteniendo una sorprendente calma, pero cuando estamos frente a una persona real balbuceamos frases que no suenan como sonaban en nuestra cabeza y perdemos los nervios enseguida.

Afortunadamente, la mayor parte de los conflictos a los que nos enfrentamos no son a vida o muerte. Y en todos los casos, ya sean discusiones con la pareja o los hijos, con un cliente o un proveedor, con una persona de nuestro equipo, con nuestro jefe, con un colega o con un vecino, podemos y debemos reducir la tensión. A eso ayudan también la capacidad de aceptar que puede haber una razón válida en la mente de la otra persona y la voluntad de perdonar. Como dice el Dalái Lama en una de sus célebres citas, «no perdonar y quedarse con la rabia dentro es como beber veneno y esperar que se muera el otro».

¡No bebas veneno!

«En el contexto de un equipo o grupo de personas que tienen que trabajar juntas, los vínculos emocionales entre ellas son muy importantes para el bienestar emocional de todos y para el desempeño del grupo».

5

TRANSFORMAR UNA ORGANIZACIÓN

EL IMPERATIVO DIGITAL

«Si queremos que todo siga como está,
es necesario que todo cambie».
Giuseppe Tomasi di Lampedusa

En la primera parte de este libro hemos analizado los cambios que están ocurriendo en el mundo provocados por la transformación digital, o sea, por la aparición de internet en primer lugar y del teléfono móvil a continuación. La capacidad de procesamiento de los ordenadores, el almacenaje de datos, la interconectividad en las telecomunicaciones y la inteligencia artificial han hecho el resto.

Ninguna organización va a librarse del efecto de estos cambios, tanto para bien como para mal, lo que pone de manifiesto la necesidad de transformarse para seguir siendo relevantes. Esto es lo que yo llamo el *imperativo digital*. Los cambios en los gustos y las expectativas de los consumidores, la aparición de nuevos competidores o los avances tecnológicos son algunos de los retos a los que se enfrenta cualquier organización, incluso las que han nacido al albur del cambio digital, las conocidas como *nativas digitales* (las Google, Meta y Amazon de turno).

¿Recuerdas la metáfora, ya mencionada en los primeros capítulos, de la cebra que cree que para sobrevivir no necesita ser más rápida que un león, sino más rápida que las otras cebras? Aplicado a las empresas, o a algunos departamentos de esas empresas, esto significa que hay quien vive en la falsa seguridad de pensar que hace ya más de 30 años que apareció internet y siguen vivos sin haber tenido que hacer ningún cambio radical. Es justo la reflexión que me hacía recientemente el CEO de una empresa aseguradora, que se vanagloriaba de haber crecido y mejorado su rentabilidad ignorando los vaticinios apocalípticos de expertos que, ya en el año 2000, le habían advertido de que o cambiaba radicalmente o su fin estaba próximo. No estoy seguro de si su argumento era que es mejor no cambiar tanto como recomiendan los expertos. En cualquier caso, me parece una actitud y una línea de pensamiento muy peligrosa para una organización.

Estoy de acuerdo en que no todas las organizaciones tienen la misma necesidad de transformarse. De hecho, el profesor Michael Wade, director del Centro Global para la Transformación Digital de los Negocios en IMD, publica regularmente lo que denomina el Digital Vortex (Vórtice Digital), una representación gráfica de lo que parece un ciclón visto desde un satélite donde las industrias más afectadas por los cambios digitales están en el centro (vórtice) y que las que sufren menores efectos, o más lentamente, aparecen en los brazos más alejados. Wade establece tres grados de disrupción que marcan la mayor o menor presión que las industrian sufren para transformarse:

1. Alta: medios de comunicación y entretenimiento, comercio, telecomunicaciones, productos y servicios de tecnología, y servicios financieros.
2. Media: educación, servicios profesionales, salud, farmacia, embalaje de bienes de consumo y hostelería y turismo.
3. Baja: transporte y logística, inmobiliaria y construcción, manufacturas, energía y suministros.

¿De qué factores depende que una industria sufra una presión más alta o más baja para transformarse?

Uno de los principales factores es el grado de dependencia de esa industria con respecto a los datos y la información. Cuanto mayor sea la dependencia de esos elementos intangibles, mayor será la urgencia para transformarse, ya que en un mundo digital los nuevos competidores lo tienen más fácil para crear propuestas disruptivas.

Hay que tener cuidado con considerar este factor de forma aislada, pues eso puede generar una falsa sensación de confianza en aquellos sectores que trabajan con activos físicos. Por ejemplo, los fabricantes de coches se han refugiado durante décadas en el hecho de que el coche tiene unas ruedas, un motor y un chasis que no se pueden digitalizar.

En los últimos años, no obstante, se han dado cuenta de que lo que hace que un cliente pague más por una marca o por otra es la información y la imagen; o que la digitalización está haciendo que muchas personas prefieran suscribirse a un servicio de coches por horas o por días antes que comprarse su propio vehículo; o que un vehículo se puede conducir solo gracias a la suma de una serie de tecnologías basadas en datos.

En resumen, hoy en día la mayor parte del valor añadido que se genera en la industria automovilística proviene de los aspectos ligados con la información y solo una parte pequeña con el activo físico, con las carrocerías, las ruedas o los motores.

Otro factor muy importante que determina la velocidad de disrupción a la que se tiene que enfrentar un sector o una industria es la regulación. Sectores como el financiero o el energético están altamente regulados y proporcionan una protección artificial frente a potenciales competidores. Aunque los cambios regulatorios suelen ir casi siempre por detrás de los cambios tecnológicos, la verdad es que antes o después llegan y arrojan a muchas empresas al abismo de la disrupción si no han dedicado esfuerzos a prepararse para ello.

Un tercer factor es la propia velocidad de cambio de algunos de los *players* de una industria. Siguiendo con la metáfora de las cebras, es como si de pronto algunas cebras se volvieran mucho más rápidas que el resto. Un ejemplo puede ser la industria de la logística, considerada por el profesor Wade como de menor disrupción, pero donde una empresa como Amazon ha lanzado un órdago y ha forzado a todas las demás a invertir cantidades ingentes en tecnología para seguir siendo competitivas.

Como decía Darwin en su teoría de la evolución: «Las especies que sobreviven no son las más fuertes, sino aquellas que se adaptan mejor al cambio».

Lo mismo aplica a las personas y a las organizaciones.

«En un mundo digital, los nuevos competidores lo tienen más fácil para crear propuestas disruptivas».

TRANSFORMACIÓN, ¿DIGITAL?

«Algunos cambios parecen negativos en la superficie, pero te darás cuenta de que se está creando espacio en tu vida para que algo nuevo emerja».
Eckhart Tolle

Hace tiempo que en ISDI, la escuela digital con la que colaboro, sustituimos la expresión «transformación digital» por «transformación a un mundo digital». Aunque se parecen, no significan lo mismo. La primera pone más peso en la palabra «digital», cuando en realidad lo más importante es la «transformación». Porque, si bien es cierto que el mundo es cada vez más digital, como vimos en los primeros capítulos, la respuesta a estos cambios no siempre tiene que ser digital.

¿Qué entendemos por transformación a un mundo digital? Se parece, en realidad, a una transformación de negocio de las de toda la vida, con la diferencia de que necesitamos ser más rápidos, crear soluciones nuevas, diseñar nuevos canales para llegar a nuestros clientes y, probablemente lo más importante y complicado, cambiar la forma en la que pensamos y actuamos en el día a día.

En este sentido, me gustaría hablar de un concepto que se conoce como *Business Agility* y que podríamos traducir como «agilidad de negocio». Cuando hablo aquí de agilidad no me refiero a nuevas formas de trabajar como Scrum, Kanban, etc., sino a la acepción que el diccionario de la Real Academia Española de la lengua da desde siempre a la palabra ágil: «que se mueve con soltura y rapidez». En este mundo nuevo, en el que impera lo digital, las empresas deben moverse con soltura y rapidez. Esta es la base de cualquier transformación hoy en día... sea digital o no.

¿Por qué es tan importante actuar con agilidad? Fundamentalmente por dos razones.

La primera es que la transformación de la que hablamos aquí no es un evento con un comienzo y un final. Hemos visto antes que apenas estamos arañando la superficie de los cambios que van a venir durante las próximas décadas, por lo que la transformación está aquí para quedarse como algo permanente. Las empresas, como las personas, tienen que reinventarse continuamente, y para ello necesitan desarrollar su «cintura», o en términos baloncestísticos, su capacidad de pivotar, de cambiar de dirección y velocidad para encontrar la mejor posición posible en la pista de juego.

La segunda razón es que, si bien sabemos que van a venir cambios, no sabemos en qué van a consistir. Igual que nuestros hijos no saben en el momento de estudiar en qué van a trabajar en el futuro, las empresas tampoco pueden anticipar con certeza los retos que van a tener que afrontar dentro de uno, tres, cinco o diez años. Prueba clara de ello es el *boom* de la Inteligencia Artificial que se está viviendo mientras escribo estas líneas, con la aparición de herramientas como ChatGPT, que está obligando a muchos profesionales y empresas a cuestionarse el valor de lo que hacen o cómo podrán en el futuro inmediato seguir aportando valor.

Un sencillo ejemplo puede ayudarnos a visualizar esto: imagina que te digo que vas a competir en los Juegos Olímpicos que se celebrarán dentro de cuatro años, pero no te digo en qué deporte vas a competir. ¿Qué harías mañana? Cuando he hecho esta pregunta a distintos colectivos he recibido todo tipo de respuestas. No falta el que dice que se sentaría en el sofá, abriría una cerveza y esperaría a que le dijesen el deporte para entonces ponerse a entrenar. Aunque puede sonar a broma (y, de hecho, ese suele ser el tono del que responde así), no son pocos, en el contexto de cambio digital actual, los que tienen exactamente esa actitud frente a su desarrollo profesional y personal: sentarse y esperar. La mayoría, sin embargo, responden que lo lógico sería empezar a correr, montar en bicicleta, apuntarse a un gimnasio, contratar a un entrenador, trabajar con un nutricionista, un médico y quizás un psicólogo deportivo, cuidar más el sueño, hacer un repaso de los distintos deportes que están incluidos en unos Juegos, etc.

Efectivamente, este último sería el comportamiento lógico. Entonces, ¿por qué las empresas no hacen lo mismo? ¿Por qué se quedan paralizadas ante la incertidumbre en lugar de prepararse entrenando su agilidad en el día a día? No saber lo que vendrá no debería ser una excusa. Entrenar la soltura y la rapidez en el día a día siempre va a ser útil en algún momento. Siguiendo con el ejemplo de los Juegos Olímpicos, supón que apenas unos meses antes de la competición te dicen que participarás en una prueba de natación y toda tu preparación ha sido fuera del agua. ¿Significa esto que todo lo que has hecho no va a servir para nada? ¡Absolutamente no! Tu estado físico general va a ser una gran ventaja para empezar en ese momento a preparar tu técnica de natación.

Construir esa «agilidad de negocio» consiste en desarrollar aquellas capacidades que te van a ser útiles en el futuro independientemente de cuál sea el reto al que te enfrentes. Por ejemplo, aumentar la rapidez en los procesos. ¿Qué tal si hacemos los cambios necesarios para reducir el tiempo que tardamos en poner en marcha los proyectos sin pérdida de calidad? ¿Podemos hacer en cuatro meses lo que ahora hacemos en seis? ¿Y en dos meses?

¿Y si hacemos que los equipos que ahora trabajan en silos desarrollen proyectos conjuntamente?

¿Y si lanzamos productos y servicios nuevos, incrementales, cada pocos meses?

¿Y si desarrollamos un sistema de detección de necesidades de nuestros clientes novedoso y rápido?

¿Y si creamos una metodología para generar ideas nuevas dentro de la empresa?

¿Y si aprendemos a trabajar con *startups* que nos puedan ayudar a explorar nuevas propuestas de valor?

La lista puede ser infinita. Como ves, no se trata de inventarlo todo de nuevo. Podemos empezar haciendo mejor y más rápido las cosas que ya hacemos.

El pensador Gary Hamel escribía que «no se puede construir una organización adaptable sin personas adaptables, y las personas solamente cambian cuando tienen que hacerlo, o cuando quieren hacerlo». Tú puedes ser una pieza importante aunque no seas el jefe o el consejero delegado de tu empresa. Independientemente del impacto que tengas a gran escala, tu propia adaptabilidad te preparará para tus Juegos Olímpicos particulares y contribuirá a que tu empresa esté más preparada.

Por supuesto, en ocasiones es necesario fijarse objetivos de transformación ambiciosos, sobre todo en empresas que están inmersas en industrias con un alto nivel de disrupción. Pero también creo que a veces ignoramos los cambios que debemos poner en marcha en las pequeñas cosas, cambios que lleguen hasta el último rincón de nuestra organización y no se queden en unos pocos «iluminados» que trabajan en un departamento con columpios y futbolines.

El objetivo no es solo cambiar, es aprender a cambiar. O, en palabras de Bill Drayton, el emprendedor social por antonomasia: «Cualquier empresa exitosa tiene que hacer la transición de un mundo definido principalmente por la repetición a un mundo definido principalmente por el cambio. Esta es la transformación más profunda en la manera en la que las personas trabajamos juntos desde la revolución agrícola».

«El objetivo no es solo cambiar, es aprender a cambiar».

LO QUE NO SE DEBE HACER

«Contempla de continuo que todo nace por transformación, y habitúate a pensar que nada ama tanto la naturaleza del Universo como cambiar las cosas existentes y crear nuevos seres semejantes».
Marco Aurelio

No hay dos empresas iguales, por lo tanto, no hay dos aproximaciones exactamente iguales a un proceso de transformación. Ahora bien, existen ciertas pautas que la mayor parte de las empresas parecen seguir. Por dos razones: porque la imitación es a veces la única solución que se nos ocurre y porque muchas organizaciones reciben asesoramiento de las mismas empresas de servicios, que aconsejan respuestas parecidas. Y es que no es fácil afrontar un proceso de transformación en una empresa. De hecho, a veces es más difícil transformar algo existente que crear algo desde cero.

A lo largo de mi carrera he tenido que liderar, al menos, tres transformaciones de negocios. En las dos primeras me nombraron director general de sendos negocios que no estaban funcionando bien, uno a nivel de rentabilidad (tenía pérdidas importantes) y otro a nivel de personal (había equipos y personas enfrentados que no evolucionaban). Afortunadamente, pude lograr resultados en ambos casos en apenas unos meses sin necesidad de tomar medidas traumáticas, en gran parte gracias a que pude actuar con libertad, como si empezara de cero. Hice un diagnóstico de cuáles eran los problemas principales, definí una visión de hacia dónde quería ir y logré que los equipos se uniesen a ese viaje. Fue como si me ficharan como entrenador en un equipo que acababa de bajar a segunda división: era más fácil ir hacia arriba que hacia abajo.

La tercera transformación fue diferente. Tuve que darle la vuelta a un negocio en horas bajas a causa de la crisis de 2008 y de la pérdida de un contrato importante. Esta vez fue mucho más complicado, pues yo ya llevaba varios años liderando ese negocio. Era el entrenador que había llevado a su equipo a segunda división y tenía la responsabilidad de devolverlo a primera. Lo primero que tuve que superar fue mi propia sensación de culpabilidad y la consiguiente bajada de confianza en mí mismo y en mi capacidad para arreglar la situación. Además, lamentablemente, la transformación supuso la salida de personas de la organización, como te explicaré al final de este capítulo, lo cual agravó no solo mi frustración, sino también la del equipo.

Un porcentaje elevado de líderes de organizaciones que tienen que afrontar procesos de transformación se encuentran con situaciones similares a las de este último ejemplo. Tienen que desandar un camino que ellos mismos marcaron, con la potencial pérdida de credibilidad y, en ocasiones, en entornos tremendamente politizados y hostiles. No debería sorprendernos que sigan el camino más seguro, o sea, el que les mantenga a ellos a salvo.

Estas son algunas de las medidas que con mayor frecuencia toman estos líderes cuando afrontan procesos de transformación:

- Invertir en herramientas digitales. Me encuentro continuamente con empresas que han invertido auténticas fortunas en instalar el ERP o el CRM de moda, o en crear la consiguiente *app*, para descubrir después que nadie los usa o que el proceso de implantación es dolorosamente lento. Recuerdo el caso de un líder de una organización que había invertido una cantidad importante de dinero en un sistema de cuadros de mando digitales para poder ver las métricas principales del negocio, en cambio le pedía a su asistente todos los días que le imprimiese esas pantallas en papel. Con esto no quiero decir que no haya que invertir en herramientas digitales, pero hay que hacerlo con una estrategia clara, no porque lo hagan otros o por miedo a quedarnos desfasados. Como veremos después, hay un momento para hacerlo.

- Contratar o nombrar a un Chief Digital Officer. También puede tener otro nombre, como Chief Innovation Officer o, más explícito, Chief Transformation Officer. Recuerdo una mesa redonda en la que tres *headhunters* conversaban sobre algunos de los puestos más demandados actualmente y entre ellos estaban estos. Sin embargo, con muy pocas excepciones, las personas que asumían estos flamantes cargos abandonaban a los pocos meses o vivían en un estado de frustración permanente porque las empresas que les habían contratado pensaban que con ese fichaje ya habían cumplido con su compromiso de transformación. No soy contrario a que existan esas posiciones, pero deben reportar al CEO, ser miembros del Comité de Dirección y tener recursos a su cargo. Cualquier otra situación tiene más probabilidades de no llevar a ningún sitio que de lo contrario.

- Contratar una consultora. En muchas ocasiones, los líderes de una organización renuncian a su responsabilidad de definir la estrategia que debe seguir su empresa y la ponen en manos de una consultora. Y eso no funciona. La culpa no es de las consultoras, que ofrecen un gran valor y que, en muchas ocasiones, acaban frustradas porque sus clientes no ejecutan sus propuestas o no se involucran como debieran. En mi opinión, antes de involucrar a una consultora, el equipo de líderes debería entender cuál es la situación y familiarizarse con los cambios que el contexto digital está exigiendo. Solo entonces serán capaces de hacer las preguntas correctas a los consultores y de evaluar, con conocimiento de causa, las opciones que estos les planteen.

- Cambiarlo todo para no cambiar nada. Muchas empresas quieren transformarse sin cambiar nada esencial, pero para hacer una tortilla hay que romper huevos. En esta misma línea está lo de fichar un Chief Digital Officer y no darle medios o contratar una consultora y no hacerle caso. O sea, se inician grandes cambios pero, en el fondo, no hay voluntad de ejecutarlos. La presión para obtener resultados cada mes o cada trimestre hace muy complicado poner en marcha procesos cuyos resultados puede que no se vean a corto plazo; es más, es posible que las cosas vayan a peor antes de mejorar. Hay, no obstante, honrosas excepciones, iniciativas que sí pretenden realmente promover una transformación. Por ejemplo, en la época del primer boom de internet, en los últimos años del anterior milenio, Jack Welch, CEO de General Electric, puso en marcha lo que se llamó destroy-your-business.com (Destruye-tu-negocio. com), con la que retaba a todos los líderes de negocio de GE a encontrar sus puntos débiles antes de que los encontrara algún competidor y los explotara. Esto, por desgracia, es infrecuente, pues el Consejo de Administración o los propios accionistas/dueños no suelen tener la paciencia necesaria para promover un cambio profundo, sobre todo cuando no hay garantía de que el cambio vaya a funcionar.

- Crear un departamento de innovación o digital. Existe un término en inglés, *skunkworks* (literalmente, «trabajos de mofeta»), que se utiliza, en la definición de Wikipedia, «para describir a un grupo dentro de una organización al cual se le da un alto grado de autonomía y que no está afectado por la burocracia, con el propósito de trabajar en proyectos secretos o avanzados». Cuando el sistema autoinmune de una organización dificulta tremendamente cualquier iniciativa de cambio, es frecuente recurrir a este mecanismo de crear un grupo diferente. Esta aproximación puede tener resultados muy positivos, pero también tiene sus limitaciones, sobre todo a la hora de llevar las ideas transformadoras al conjunto de la organización.

- Aplicar la táctica del pavo real. Cada vez más, las empresas se convierten en máquinas de comunicación y cuentan a los cuatro vientos historias sobre cómo de digitales, sostenibles e inclusivas son, aunque a veces los hechos no sustenten esos mensajes. Intentan que la percepción se convierta en realidad. Como en los puntos anteriores, no estoy en contra de que se cuenten las cosas buenas que se están haciendo, pero es preocupante cuando se presta más atención a las apariencias que a los cambios sustanciales.

Estas son, por tanto, algunas de las prácticas más habituales a la hora de intentar acometer un proceso de transformación. Unas prácticas que en la mayor parte de los casos no funcionan porque son puramente cosméticas o escasamente operativas. Pero, sobre todo, porque no nacen de una convicción real de la necesidad de cambio y, por tanto, rara vez se concretan en un cambio profundo.

Explicaba al inicio de este capítulo que en cierta ocasión me vi en la necesidad de pilotar una transformación tras la crisis de 2008. ¿Cómo afronté aquella experiencia? Lo más fácil habría sido ponerme en modo crisis, buscar culpables y encerrarme en mí mismo o en mi círculo cercano. Pero eso no habría funcionado. Dado que tuve que despedir a un número importante de personas, lo primero que hice fue intentar que el proceso de salida les dejase en el mejor estado económico y emocional posible para enfrentarse a la búsqueda de su siguiente trabajo. La mayoría de estos compañeros eran excelentes en su trabajo y no eran responsables de la situación de la empresa.

Y lo segundo fue gestionar el duelo de los que nos quedamos. Antes de crear una nueva visión y poner al equipo en marcha, era necesario honrar ese duelo. Para ello, organicé unas jornadas con todas las personas en roles de liderazgo en Europa en unas instalaciones fuera de las oficinas. Trabajamos en varias sesiones donde todos expresamos nuestras frustraciones: pizarras llenas de quejas, de preguntas, de sentidos homenajes a personas que ya no estaban con nosotros, de miedos sobre cómo resolveríamos la situación, etc. ¿Cómo superar aquello y pasar página? Para lograrlo, preparé una charla en secreto con mi amigo Jamie Andrew, un montañero que perdió sus manos, sus pies y a su mejor amigo cuando quedaron atrapados en la cima de una montaña en medio de una tormenta durante cinco días y cinco noches. Jamie contó su experiencia y el proceso que le llevó a superar aquella tragedia y volver a vivir una vida plena. Ahora esquiaba, navegaba, tenía una familia, había terminado un *Ironman* y había vuelto a escalar, su gran pasión.

Fue una sesión tremendamente emocionante en la que casi todos los presentes lloramos escuchando la historia de Jamie. Cuando terminó, propuse a mi equipo que volviésemos a nuestras pizarras y pensásemos en cómo resolver lo que teníamos entre manos. Y entonces se produjo uno de los momentos más bonitos que he experimentado en mi carrera: el equipo al unísono dijo que era hora de dejar el pasado atrás y mirar al futuro. Jamie Andrew nos hizo ver que, en medio de todas las dificultades y el dolor que experimentábamos, seguíamos siendo muy afortunados. Entre ser víctimas o supervivientes, nosotros también elegimos lo segundo.

«No hay dos empresas iguales, por lo tanto, no hay dos aproximaciones exactamente iguales a un proceso de transformación».

EL 70% DE LAS TRANSFORMACIONES FRACASAN

«Después de un fracaso, los planes
mejor elaborados parecen absurdos».
Fiodor Dostoievski

La mayoría de los procesos de transformación en empresas fracasan, es decir, se quedan muy lejos de los objetivos propuestos. Consultoras como Accenture, Boston Consulting Group o McKinsey coinciden en que la ratio de fracaso es ¡superior al 70%! Así que parece que hacer lo que hace todo el mundo lleva a los mismos resultados a casi todo el mundo.

Una parte del problema consiste en que los líderes no entienden la complejidad de los cambios que se intentan implantar ni la implicación que deben tener en el proceso para que se puedan conseguir los objetivos. Otra parte del problema puede venir de las presiones externas cuando los resultados económicos no son los esperados o los de la competencia son mejores. Como el papel lo aguanta todo, a veces se fijan objetivos muy ambiciosos esperando que se produzca un milagro, pero eso solo sirve para ganar algo de tiempo, en el mejor de los casos, o para alargar la agonía, en el peor.

Suponiendo que los objetivos sean alcanzables, también nos encontramos con un fracaso en la ejecución por miedos o resistencias. Esto se conoce en ciencias sociales como *Endowment Effect* (Efecto

Dotación), que los autores James Belasco y Ralph Stayer definen así: «El cambio es difícil porque las personas sobrevaloramos lo que tenemos e infravaloramos lo que podemos conseguir si renunciamos a lo que tenemos». O sea, tienes un plan bien definido, pero a la hora de ponerlo en práctica dudas o te tiemblan las piernas.

Por supuesto también tenemos la dificultad de la resistencia interna que es habitual encontrar cuando queremos hacer cambios, en parte porque no somos capaces de comunicar bien qué queremos conseguir y por qué, y en parte porque la respuesta más habitual es la preocupación en nuestros equipos por lo que pueda suponer para ellos.

En ocasiones, los esfuerzos de transformación quedan enterrados en una maraña de iniciativas de todo tipo que hacen que la receptividad de los equipos sea mínima. Iniciativas sobre digitalización, eficiencia, sostenibilidad, liderazgo, transformación, reestructuración, integración de alguna empresa que se ha adquirido, reorganización, crecimiento, colaboración, evaluación de desempeño, recortes de plantilla, etc., se presentan a menudo de una manera que genera rechazo. Los más escépticos incluso se refieren a ellas como «la ocurrencia del mes».

Hay otras razones por las que las iniciativas de transformación cosechan un porcentaje tan alto de fracaso. Una de las habituales es que la empresa escoja una estrategia errónea para intentar acometer el cambio. Existen cientos, incluso miles de estrategias posibles: crecer, recortar costes, vender parte del negocio, comprar otros negocios, generar soluciones nuevas, abrir nuevos mercados, cerrar mercados que no funcionan, recortar plantilla, captar talento, etc. Dentro de esas opciones, algunas son simple y objetivamente malas. La decisión de Kodak de no perseguir la fotografía digital se demostró equivocada desde el comienzo. No solo no la explotaron, sino que vendieron la licencia de su descubrimiento a otras empresas. A pesar de que en Kodak había personas con muchísimo talento y no era una organización disfuncional, aquella estrategia era objetivamente mala. Uber, en cambio, que sí era una organización bastante disfuncional (varios de sus dirigentes se vieron envueltos en escándalos importantes) sí encontró la estrategia adecuada para transformarse: encontrar un nicho y aprovechar el momento oportuno para experimentar un crecimiento increíble.

Es cierto que el éxito o fracaso de una transformación solo se puede dirimir a posteriori, pero si el conjunto de la organización no entiende la estrategia, la abraza y la ejecuta es muy difícil que llegue a buen término. Es preciso que toda la organización esté informada y vaya a una para vencer las habituales resistencias. ¿Cómo es posible que tantas empresas sigan cayendo en el error de ignorar el aspecto humano a la hora de trasladar una estrategia y la natural resistencia que puede generarse?

Y no basta con establecer unos objetivos y comunicarlos mediante una *newsletter*. Una campaña de comunicación sobre la transformación es importante, porque sin ella no se producirán cambios, pero no es suficiente para que se produzcan.

Vemos, por tanto, que la mayoría de las transformaciones fracasan. Ahora bien, ¿hay alguna solución a esto? ¿Cómo debe hacerse una transformación para que tenga las máximas garantías de culminar con éxito?

Lo veremos en el siguiente capítulo.

«En ocasiones, los esfuerzos de transformación quedan enterrados en una maraña de iniciativas de todo tipo que hacen que la receptividad de los equipos sea mínima».

LOS 10 MANDAMIENTOS DE LA TRANSFORMACIÓN

«Cuando menos lo esperamos, la vida nos presenta un
desafío para poner a prueba nuestro valor
y nuestra voluntad de cambio.
En un momento como este, no tiene sentido fingir
que no ha pasado nada o decir que aún no estamos listos.
El desafío no espera».
Paulo Coelho

Doy por descontado que no existen fórmulas mágicas. Si las hubiera, supongo que en lugar de estar escribiendo el libro en mi casa lo haría en un retiro dorado en las Bahamas. Lo que puedo ofrecer es el aprendizaje obtenido a partir de mi propia experiencia, que a unos servirá y a otros no. No solo he tenido la oportunidad, como explicaba anteriormente, de gestionar varios procesos de transformación, sino que también he podido observar y participar en decenas de otros procesos en organizaciones de distinto tamaño, cultura y sector. De estas experiencias he extraído un decálogo, una suerte de «los 10 mandamientos de la transformación», que recoge de forma sintética lo que creo que es necesario para que una transformación tenga las máximas opciones de estar entre ese 30% que culminan con éxito. Estos mandamientos son aplicables a la transformación no solo de grandes corporaciones, sino de empresas más pequeñas e incluso de equipos. El cumplimiento de estos mandamientos no garantiza la salvación, o en este caso el éxito de la transformación. Lo que

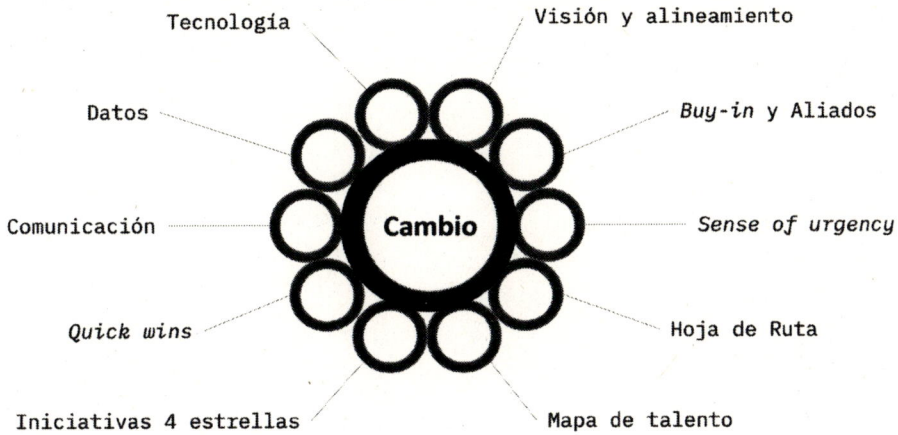

Tecnología

Visión y alineamiento

Datos

Buy-in y Aliados

Comunicación

Cambio

Sense of urgency

Quick wins

Hoja de Ruta

Iniciativas 4 estrellas

Mapa de talento

sí puedo afirmar es que en todos los casos que he conocido en los que la transformación ha fracasado, varios de estos puntos no se estaban dando.

Veamos, pues, nuestra versión de las tablas de Moisés aplicadas a la transformación de un negocio en el contexto de la Era Digital.

1. Define claramente la visión y los objetivos

Si no sabes hacia dónde vas, difícilmente llegarás. Las transformaciones que se inician sin un objetivo claro o por respuesta a presiones externas no solo terminan generalmente mal, sino que además minan la credibilidad de futuras iniciativas que quizás tengan más sentido.

Cuando inicio una conversación con un cliente como responsable del área corporativa de ISDI, mis primeras preguntas suelen ser:

- ¿Qué queréis conseguir realmente? ¿Cuál es el objetivo último?
- ¿Están los líderes adecuados detrás de esta iniciativa?

Al afrontar una transformación, es fundamental entender qué queremos cambiar en realidad y enfocarnos en ese cambio. Trabajé en una ocasión para una empresa que tenía una lista de más de 50 iniciativas en su plan de transformación. Les ayudamos a reducirlas a 7, pero quizás eran todavía demasiadas, porque avanzaron poco.

No ayuda el definir objetivos demasiado genéricos, pues no dan pie a actuar. Son objetivos genéricos, por ejemplo, «convertirnos en una empresa de *software*», «ser una organización centrada en el cliente» o «digitalizarnos». Es preciso concretar qué significa ser una empresa de *software*, centrada en el cliente o digitalizada para poder avanzar.

Incluso definiendo con cierta claridad esos objetivos, en ocasiones nos encontramos con otro problema: la falta de claridad entre los líderes sobre cuáles son las prioridades o quién va a ser responsable de ejecutarlas. En cierta ocasión, el CEO de una empresa a la que asesoraba fijó el objetivo de que toda la actividad de la empresa estuviera basada en datos. Cuando preguntamos a los diez miembros del comité de dirección en qué consistía para ellos aquella transformación a una empresa basada en datos, ¿sabes cuántas respuestas diferentes obtuvimos? Efectivamente: ¡diez!

Por tanto, mi primera recomendación es definir un objetivo claro y medible y realizar un proceso previo de validación entre las personas más relevantes de la organización para asegurarme de que todos entendemos lo mismo y estamos alineados en el camino a seguir. Es mejor trabajar en un objetivo y ser concienzudos en conseguirlo que intentar abarcar demasiados objetivos y quedarse en la superficie en todos ellos. Los líderes de un equipo u organización deben hacer un esfuerzo especial por formarse e informarse sobre las alternativas existentes y no delegar esa responsabilidad en terceros, llámense consultoras, expertos, *Chief Digital Officers*, etc. Y, por supuesto, no acometer ninguna transformación que no tenga un impacto claro en la propuesta de valor que queremos aportar.

2. Procura que se suban al tren el máximo número posible de personas de la organización

Imagina que te ofrecen ser el nuevo responsable de transformación digital (sic) de una empresa. Te explican lo importante que es esta transformación para la empresa y te cuentan unos planes magníficos. Te apetece mucho esta posición porque es un salto cualitativo en lo que has estado haciendo hasta ahora y, además, no nos engañemos, el mercado laboral va a valorar muchísimo este paso en tu carrera. Así que saltas a la oportunidad y aceptas la oferta.

Un par de meses después estás hablando con un amigo y le cuentas lo desesperado que estás porque en todo este tiempo no has podido todavía reunirte con el CEO. Cuatro veces habías cerrado una cita y cuatro veces te la ha movido. No tienes equipo y cuando pides algo te responden con una sonrisa, pero no te ponen medios. Por otra parte, pides un hueco en la agenda del Comité de Dirección para contar el plan que estás definiendo, pero te responden que no es el momento y que hay otras prioridades, lo cual te da todavía más rabia porque la empresa se tomó muy en serio lo de comunicar a todo el mundo que habían fichado a un Chief Digital Officer. Incluso lanzaron una nota de prensa donde se incidía en el compromiso que la empresa tenía con la transformación en línea con las demandas del sector y sus accionistas.

¿Te suena? ¿Conoces a alguien que ha pasado por una situación así? ¿Te ha pasado a ti? ¿Qué ha fallado? Simplemente, que el compromiso con la transformación era «de boquilla» (lo que los ingleses llaman *lip service*). No se ha creado lo que los expertos en transformación identificaron desde hace décadas (mucho antes de que la coletilla «digital» se uniese al término «transformación») como una clave para el éxito: crear una coalición poderosa. Justamente en estos términos la definió John Kotter en 1996 en su libro *Leading change*. Antes de comenzar cualquier proceso de transformación es preciso recabar los apoyos necesarios y discernir si las personas más relevantes están realmente comprometidas con el cambio. Una de las pruebas del algodón consiste en pedir recursos: si dudan o se echan atrás, mal asunto. No hace falta que el CEO esté detrás del cambio, pero al menos necesitamos el apoyo de un líder que quiera implantarlo en su área de influencia y tenga los recursos suficientes para hacerlo.

Tan importante como saber quién o quiénes nos van a apoyar es conocer quién o quiénes van a estar en contra de lo que intentamos hacer. Cualquier cambio tiene consecuencias para alguien y es posible que haya personas, o incluso equipos, dentro de la organización, que se sienten perjudicados (o dolidos porque no les han pedido a ellos que lo lideraran). Es habitual que un proceso de transformación acarree una modificación en los pesos de poder dentro de una empresa. Por ejemplo, abrir un canal de venta digital probablemente genere una reacción de rechazo en el líder de canales tradicionales de venta, por mucho que el cambio tenga el potencial de ser positivo para la organización en su conjunto; destinar más recursos a marketing digital es posible que genere rechazo en el equipo que gestiona los medios tradicionales; un cambio en el sistema de gestión asignado al departamento de tecnología es posible que provoque resistencia en el departamento financiero; la incorporación de un Chief Digital Officer puede ocasionar rechazo en el líder del área tecnológica, que antes reportaba directamente al CEO; y así sucesivamente.

No hay soluciones sencillas a estas resistencias porque es innegable que algunos cambios perjudican a ciertas personas o equipos, pero se puede minimizar el impacto. Algunas estrategias para hacerlo son:

- Tener una conversación abierta sobre cuál es la pérdida real para esas personas. Detrás de sus comportamientos siempre hay una necesidad más profunda que deberíamos intentar conocer, porque de esta forma podemos encontrar una alternativa. Por ejemplo, frente al miedo a perder relevancia podemos ofrecer un coliderazgo del proyecto; frente a la resistencia por la pérdida de control, tener reuniones periódicas para estar al día de los avances; etc.
- Involucrar a las personas o equipos resistentes en el diseño del plan de trabajo. El «qué» no es negociable, pero sí el «cómo». A veces la resistencia se produce por un tema que para otros es doloroso pero que nosotros consideramos menor y fácilmente solucionable. Se trata, en definitiva, de hacerles sentir que el plan es también suyo.
- Realizar reuniones de *Team Building*. Las salidas fuera de la oficina con charlas inspiracionales y talleres de trabajo son una buena forma de aumentar la implicación y el compromiso en el cambio. Permiten hablar de los retos que tienen como equipo y de qué les preocupa, así como plantear ideas sobre cómo mejorar el proceso.
- Alinear incentivos. ¿Podemos hacer que los que se sienten más afectados negativamente por el cambio ganen algo con él? En el caso, apuntado antes, de la creación de un canal de venta *online*, por ejemplo, se puede plantear que un porcentaje de las ventas del mismo (o quizás su totalidad) cuente también para los objetivos del responsable de los canales de venta tradicionales.
- Cuando todo lo anterior falla, a veces no queda más remedio que reducir el impacto de las personas que se resisten al cambio. Se puede diseñar un plan que reduzca o elimine las dependencias de las áreas más resistentes.

Lo ideal, en cualquier caso, es lograr que el mayor número de personas se suba al tren de la transformación, pues en una etapa posterior van a tener que cambiar su forma de pensar y de trabajar. Difícilmente lo conseguiremos si solo unas pocas personas conocen bien la estrategia de la empresa y qué se espera de ellas exactamente.

Abrir un diálogo de colaboración con los que van a tener que aplicar el cambio en su día a día puede suponer la diferencia entre el fracaso o el éxito. Es importante asegurarse de que el proyecto es real para ellos y de que sientan que es suyo. Una de las necesidades humanas básicas es la de tener autonomía, por lo que es bueno dejar cierto margen para que los equipos le den su propio sabor sin tergiversar el cambio. De esta forma lo abrazarán más.

Algunas empresas hacen este trabajo magníficamente bien organizando talleres de cocreación en los que participan decenas, centenares e incluso miles de empleados, clientes y proveedores para recoger el mayor número de ideas posibles e incorporarlas al proyecto para que sea más impactante. Por supuesto, con sentido común, es decir, encontrando el equilibrio entre preguntar sin parar y ejecutar, entre escuchar ideas e incorporarlas al proyecto.

En resumen, para maximizar el apoyo a nuestro proyecto, consigamos una buena alianza de las personas relevantes de la organización, intentemos gestionar bien las resistencias e incorporemos al mayor número posible de personas al diseño de este.

3. Crea y transmite una sensación de urgencia

Igual que hemos visto que los seres humanos tenemos nuestras propias autopistas neuronales, podemos extrapolar esta idea a las organizaciones. Cada una tiene su «cerebro», sus respuestas automáticas y su forma de hacer las cosas. Crear autopistas nuevas, como nos sucede a las personas, les cuesta esfuerzo, sobre todo cuando las cosas «no van mal» o cuando la percepción generalizada es que «no hace falta cambiar». Es necesario que dentro de la organización el cambio se perciba como necesario, incluso urgente, pues de lo contrario la motivación para cambiar y crear nuevas autopistas neuronales será escasa.

En este sentido, la comunicación es clave. Resulta difícil exigir de puertas adentro un esfuerzo para cambiar cuando de puertas afuera todo es néctar y ambrosía y resulta que somos la empresa más colaborativa, moderna, sostenible, digital e inclusiva del mercado. Entonces, ¿qué necesidad tenemos de cambiar nada?, pensarán las personas y los equipos. Debe existir una coherencia en la comunicación para que realmente el cambio se perciba como necesario y haya una motivación para avanzar hacia el mismo.

Cuando la empresa o el equipo están en una situación de crisis evidente, es algo más fácil crear esa motivación para el cambio. Esto no quiere decir que sea un camino de rosas. En medio de una crisis se agudiza el miedo y, con ello, también los comportamientos más inesperados. Un ejemplo es el de los equipos de visitadores de las empresas del mundo de la salud: farmacéuticas, material sanitario, etc. Muchos de estos equipos siguen anclados en un sistema de visitas físicas a los médicos y hospitales, pero estos últimos cada vez tienen menos tiempo y predisposición para recibir esas visitas. Se impone por tanto la necesidad de encontrar nuevos canales de comunicación. Las empresas se esfuerzan por formar y educar a estos visitadores para que puedan hacer su trabajo de forma más eficiente y efectiva utilizando más canales digitales, pero lo que se encuentran en los casos que yo he podido observar es una resistencia mayúscula a cambiar la forma de trabajar tradicional, en gran medida porque temen dejar de ser necesarios. Obviamente, esa actitud no hará que el problema desaparezca. De hecho, es más probable que se exacerbe en el momento en que la competencia empiece a utilizar los nuevos canales y a crear vínculos con el personal sanitario más fuertes.

¿Qué estrategias se pueden utilizar para generar esa sensación de que el cambio es necesario, incluso urgente? Veamos algunas:

1. Dar ejemplo. La mejor forma de crear la motivación para el cambio es modelarla desde arriba, ser un ejemplo en las capas superiores. En cierta ocasión trabajé con una empresa que quería hacer una transformación importante. Diseñamos un programa maravilloso, pero a la hora de ponerlo en práctica nos dijeron que... ¡el Comité de Dirección no iba a participar en el mismo! Esto no funciona. No hay mensaje más desmotivador que «cambiad vosotros, que yo estoy bien, gracias», o como decían algunos curas antiguamente: «Haz lo que yo diga, no lo que yo haga». El miedo a aparecer vulnerables es la razón principal de que los líderes se aparten del cambio que preten-

den liderar. A veces se excusan en falta de tiempo, pero en realidad nunca es un problema de agenda, sino de prioridades.

2. Gestionar el duelo. Lo hemos visto en un capítulo anterior, cuando explicaba cómo tuve que gestionar la transformación de una empresa tras la crisis de 2008: cualquier cambio implica una separación con el estado presente, un decir adiós a la forma de trabajar que nos ha traído hasta donde estamos y que, mejor o peor, es la que conocemos. Acepta que existe ese duelo y trabaja para que se pueda expresar. Es necesario decir adiós para poder dar la bienvenida a una nueva situación. A veces, por ejemplo, se producen adquisiciones y no dedicamos tiempo a gestionar la pérdida de identidad y el miedo a perder el puesto de trabajo. Un buen ejemplo de cómo gestionar este duelo es el de la empresa francesa de energía Total. Cuando en 2014 su CEO falleció en un accidente de aviación en Moscú, en todas sus oficinas se instaló un espacio donde la gente podía poner sus notas, regalos, flores, etc. Se hicieron grupos para conversar sobre cómo se sentían. Se ofreció ayuda psicológica a quienes lo necesitaran. Y el nuevo CEO no salió con el consabido «a Rey muerto, Rey puesto», sino que expresó de forma explícita el dolor que le suponía la pérdida de su amigo. Nos equivocamos cuando intentamos vender un beneficio sin tener en cuenta antes la pérdida.

3. Incentivos. No me voy a extender en lo que ya hemos comentado en relación a cómo hacer que más personas se suban al tren. Los incentivos son una de las formas más efectivas de indicar cuáles son las prioridades reales de una organización, pero se han convertido para muchas en una especie de derecho adquirido con independencia de que se consigan los objetivos o no. Conozco el caso de una empresa de equipamientos que ha pagado el 100% de los variables a sus empleados a pesar de haberse quedado muy por debajo de los objetivos. Y aun así hubo quejas generalizadas, porque en años anteriores, con resultados apenas mejores, habían cobrado más del 150% del variable. Los incentivos deben ser justos y equilibrados, también los destinados a favorecer la transformación de la organización.

4. Definir un futuro deseable. ¿Por qué debería querer cambiar? Esta pregunta, que los anglosajones resumen en la expresión

WIIFM («What's In It For Me?»), refleja la necesidad de expresar las razones del cambio de manera que tenga sentido para cada una de las personas que son imprescindibles para que el cambio se produzca. Los mensajes inspiradores pueden ayudar, pero lo importante es facilitar el proceso para que cada persona encuentre el sentido que tiene para ella. Se puede hacer a través de conversaciones para explorar ese sentido, ofreciendo ayuda en forma de *coaching* o haciendo trabajo en grupo para definirlo.

5. Implicar a las personas clave en el diseño del cambio. También hemos hecho referencia a la importancia de que los principales actores del cambio participen de su diseño, así que no me extenderé en este punto. Tan solo recordaré la cita que encabeza el capítulo «La confianza», de Peter Senge: «Las personas no se resisten al cambio, se resisten a ser cambiadas».

La motivación para cambiar es la gasolina de cualquier viaje: podemos tener el objetivo (destino), el plan (el mapa), los recursos (el coche), incluso los viajeros (las personas), pero sin gasolina no iremos a ninguna parte. Si no das gasolina a las personas de la organización, tienen que hacer el viaje a pie o, peor, empujando el coche. Es preciso generar la motivación adecuada para el cambio si no queremos que el proceso acabe siendo un suplicio para todos los involucrados.

4. Establece la hoja de ruta

Una vez definidos los objetivos, reunidos los apoyos y generada la sensación de urgencia, debemos centrarnos en elaborar el plan de acción, la hoja de ruta que nos marque el camino. Ahora bien, ¿cómo crear un plan para ir a un sitio al que nunca hemos ido antes? Una manera es seguir a otros que ya han hecho ese viaje, intentando aprender de lo que les ha funcionado y lo que no, aunque sin olvidar que cada empresa es única.

Cualquier plan debe incluir objetivos finales y objetivos intermedios; procesos que se van a poner en marcha y procesos que se van a modificar; impacto en clientes, empleados, proveedores o cualquier actor afectado; tecnología, comunicación, personas involucradas, tiempos, recursos, alcance, etc. Debe ser lo suficientemente concreto para marcar el camino y lo suficientemente flexible para adaptarse a los imprevistos. Cada vez son menos las organizaciones que hacen planes a tres o cinco años porque las cosas cambian muy rápido, en plazos muchísimo más cortos. También hay empresas que trabajan en ciclos más largos, como las que se dedican a grandes inversiones en infraestructuras (telecomunicaciones, energía, transportes, etc.), pero son una excepción.

Lamentablemente, no hay plan que aguante el contacto con la realidad. Como es sabido, el Excel y el Powerpoint lo aguantan todo y soñar es gratis, pero la realidad tiene la desagradable manía de ser imprevisible. La realidad es, de hecho, como Mike Tyson, el ex campeón del mundo de boxeo de los pesos pesados, al que una vez un periodista le preguntó si estaba preocupado por el plan de su contrincante, Evander Hollyfield, y respondió: «Todo el mundo tiene un plan hasta que le doy el primer puñetazo en la boca».

Tener un plan o una estrategia de cambio es importante, pero igual de importante es saber cómo vamos a reaccionar al primer puñetazo en la boca. Esto significa incluir en el plan un mecanismo para revisar si estamos consiguiendo los objetivos deseados y cuestionarnos si sigue siendo válido.

5. Dibuja un mapa de talento

Querer y poder hacer un cambio no es suficiente: hay que saber cómo hacerlo. Por ello, es fundamental entender qué capacidades son necesarias para que el cambio tenga éxito y dibujar un mapa de talento para llevarnos del punto de partida en el que estamos al que queremos llegar.

En este sentido, podemos utilizar el talento ya existente en la organización, desarrollar el talento existente para que obtenga las capacidades necesarias, captar talento fuera de la organización o compaginar estas tres vías de actuación.

A. Utilizar el talento existente
- Consiste en agrupar a las personas con las capacidades necesarias en un departamento con la responsabilidad de llevar adelante la transformación, o bien hacer que esas

personas trabajen en proyectos colaborativos donde puedan aportar su conocimiento.

- Este camino requiere un conocimiento bastante profundo de las capacidades y experiencia de las personas de nuestra organización. Esto no siempre es obvio porque, por lo general, medimos la capacidad de las personas más por lo que han hecho que por lo que podrían llegar a hacer.

B. Desarrollar el talento existente

- El desarrollo del talento interno suele tomar la forma de planes de formación en los que se compaginan las fases de medición de las capacidades (a través de assessments y evaluaciones) y las de desarrollo (realizando programas formativos, trabajando en proyectos innovadores o combinando ambos).

A la hora de definir un plan de formación, he podido observar que existen principalmente dos aproximaciones:

1. Modelo de competencias. Es el más habitual, sobre todo en grandes corporaciones. El modelo consiste en definir un mapa de competencias deseables para los empleados, en muchos casos adaptando las competencias al rol de esas personas. A continuación, se mide en qué punto de desarrollo están las personas en las competencias que serían deseables para ellos sobre la base del mapa de competencias y, en función de dónde existan las oportunidades de mejora, se diseña un plan formativo. Esta aproximación tiene la ventaja de que se pueden aplicar modelos más o menos generales a un número muy alto de personas. También se convierte en un elemento de comunicación y de claridad para los empleados, pues expresa de forma explícita en qué se considera que deberían ser buenos; transmite también las prioridades para la empresa. Desde mi punto de vista, la principal desventaja radica en que es muy difícil medir el impacto real de la implantación del plan de formación. Se puede acabar convirtiendo en un juego de marcar casillas, más que de ver resultados.

2. Modelo de estrategia. Este es el modelo que prefiero, aunque entiendo que no es el más adecuado para todas las si-

tuaciones. Esta aproximación consiste en partir de los objetivos estratégicos de la empresa o el departamento. De esos objetivos se desprenden una serie de proyectos e iniciativas para transformar aspectos del negocio. Cada uno de esos proyectos tiene asignados una persona o un grupo de personas que necesitarán poner en valor una serie de conocimientos y capacidades que puede tener ya o no. El plan de formación se diseña precisamente con el objetivo de dotar a las personas que están trabajando en los proyectos más estratégicos de las capacidades necesarias para llevarlos a buen puerto. En esta aproximación suele ser interesante que el plan de formación incluya procesos de acompañamiento de mentores para que el proceso de capacitación se haga sobre el terreno, trabajando en proyectos reales. El gran beneficio de este enfoque es que el impacto del esfuerzo formativo es más evidente y fácil de medir en función de si los proyectos avanzan o no. La mayor desventaja es que es menos escalable y no incorpora al mismo nivel a personas que no están asignadas a proyectos estratégicos.

Lo ideal sería poder combinar las dos aproximaciones en un único modelo, pero esto requiere un nivel de conexión y colaboración entre las distintas áreas de negocio y de soporte que representa un gran reto. En cualquier caso, resulta muy difícil definir un mapa de competencias que sea lo suficientemente general para aplicar a la gran mayoría de personas en la organización y que recoja al mismo tiempo detalles que pueden ser relevantes para la aplicación de esas competencias en entornos diferentes: distintos países, negocios, tecnologías, etc.

Cada empresa y contexto es diferente, pero mi recomendación sería la siguiente:

- Para una empresa con miles de empleados, hacer una combinación de los dos modelos, es decir, definir una aproximación a través de competencias para los empleados en conjunto y definir acciones basadas en estrategia para aquellos que están involucrados en proyectos estratégicos. En el caso más general, podemos utilizar formaciones más a escala, quizás con plataformas tecnológicas con cursos adaptados a nuestra empresa. En el caso del desarrollo por estrategia, es fundamental que la formación y desarrollo de capacidades se haga trabajando en proyectos reales.

- Para pymes (empresas con decenas o centenares de empleados), mi recomendación es seguir un enfoque de estrategia.

C. Utilizar talento de fuera de la organización

- Cuando no disponemos de las capacidades dentro del equipo o la organización o el talento necesarios ya están ocupados en otros proyectos, o bien cuando el desarrollo de las capacidades necesarias puede ser económicamente inviable o demasiado lento, nos vemos abocados a buscar el talento fuera.

Esta búsqueda puede adoptar distintas formas, desde subcontratar a una empresa para que se encargue de la parte que más nos cuesta hasta reclutar talento con la experiencia y los conocimientos que buscamos, bien sea de forma permanente o temporal.

Supone un reto integrar talento del exterior cuando se contrata para que nos ayude a ejecutar cambios, ya que es muy probable que los «anticuerpos» dificulten su tarea. Comentamos anteriormente el caso de un Chief Digital Office que queda desamparado al poco de unirse a la empresa. Una situación parecida pueden sufrir las personas que entran para acometer una transformación y se sienten los bichos raros. En este sentido, debemos tener claro que contratar talento específico para realizar una transformación no es el final del proceso, sino el comienzo.

6. Decide por dónde empezar y qué iniciativas priorizar

Seguimos con «los diez mandamientos de la transformación», una lista de condiciones necesarias, aunque no suficientes, para evitar que el cambio que emprendemos en nuestra organización acabe sumándose a ese 70% de proyectos fracasados del que te hablaba antes.

El sexto consiste en escoger qué iniciativas priorizamos cuando los recursos son limitados (que, por otro lado, siempre lo son). Las iniciativas prioritarias deben ser aquellas que cuentan con:

- Los apoyos suficientes y una voluntad real de ejecutarlas.
- Los recursos necesarios y las condiciones adecuadas.
- Un plan y el talento necesario para ejecutarlo.
- El objetivo de resolver un reto real de la empresa.
- El potencial de generar valor una vez ejecutadas.

En resumen, son las iniciativas que cuentan con las condiciones más adecuadas para poder generar una inercia positiva para el cambio.

7. Cuenta la historia de tu transformación

En comunicación corporativa hay una máxima: es imposible «sobre-comunicar». Tal vez es una exageración, pero no cabe duda de que, en un proceso de transformación y cambio, el rol de la comunicación es particularmente importante. Una comunicación pobre puede dar lugar a problemas como un avance más lento, mayores gastos, frustración y confusión entre los empleados y, en última instancia, fracaso en la adopción de los cambios.

En cuanto a la forma de comunicar, los seres humanos reaccionamos mejor y retenemos más la información cuando nos la explican como una historia. En este sentido, pregúntate: ¿Cuál es la historia de nuestra transformación y cómo puedo contarla? ¿De dónde venimos y hacia dónde vamos? ¿Por qué es esto importante para la organización y las personas que la forman? ¿Qué retos vamos a tener que superar y cómo nos vamos a apoyar mutuamente para poder hacerlo?

En las comunicaciones es importante recalcar cuáles son los objetivos medibles que tenemos que alcanzar como organización o departamento y en qué plazo. Esa concreción ayuda al receptor de los mensajes a hacerse una idea del tamaño del reto y de la urgencia por superarlo.

En cuanto al canal, evita las comunicaciones solamente por correo electrónico. El ejemplo a seguir en este sentido es el de una empresa con la que trabajé que organizó 25 reuniones presenciales con los empleados de 25 países diferentes, cada una de ellas liderada por el CEO del país, para contar en primera persona en qué consistía el cambio y por qué era relevante para su situación particular. Aprovecha, eso sí, los canales y herramientas digitales, como las redes sociales, blogs, pódcasts, chatbots, entrevistas, etc. No olvides que tus empleados no solamente se informan a través de canales internos, sino también externos. Aprovecha la capacidad que tengas para aparecer en medios y redes sociales que no son de la empresa.

Específicamente, los actores involucrados de forma más directa en la transformación deben contar con un mecanismo que permita que la comunicación fluya en ambas direcciones, de las personas a la organización y de la organización a las personas. Convoca reuniones periódicas con los equipos para calibrar cómo están yendo las cosas, qué obstáculos están encontrando, cuál es el estado emocional del equipo, qué ideas nuevas han aparecido y qué aprendizajes están obteniendo de la aplicación del cambio. Este grupo debe tener toda la información y documentación relevante en un lugar accesible, bien organizado y actualizado.

Por último, no mientas nunca e involucra en la comunicación a aquellos líderes que tienen más peso en la organización. Los empleados prestan tanta atención a quién está contando el mensaje como al mensaje en sí.

8. Consigue victorias tempranas

Si intentas perder peso, pocas cosas te van a dar más empuje que pesarte en los primeros días y empezar a ver que bajas unos cientos de gramos o incluso algún kilo. Lo mismo ocurre con un proceso de transformación: necesitas «victorias tempranas» para no perder la motivación, o lo que es lo mismo, resultados medibles y relevantes en las primeras fases para generar una inercia positiva.

¿Cómo de rápido se deben obtener esos primeros resultados? Depende de distintos factores. El más importante es, sin duda, el nivel de motivación (la sensación de urgencia) que ya existe alrededor del cambio. La importancia de las victorias tempranas es inversamente proporcional al nivel de motivación existente: cuanto mayor sea la motivación, más probable es que haya una valoración benévola de los esfuerzos y una mayor predisposición a seguir insistiendo. Si, por el contrario, la sensación de urgencia es baja en relación con el proceso de transformación, seguirá yendo a peor si no somos capaces de obtener resultados y generar credibilidad.

Uno de los beneficios de incorporar metodologías de trabajo modernas, como pueden ser *Agile* o *Lean,* es que nos permiten incidir en un par de aspectos muy importantes:

1. Lo que se conoce como un «modelo iterativo incremental», que consiste en trabajar en iteraciones en las que se planifica cada semana o quincena para obtener un avance en el producto final. En este modelo, la priorización de tareas se hace sobre el valor que aporta cada uno de los pasos, de manera que trabajamos en elementos relevantes desde el principio. Este modelo ha sustituido al modelo de desarrollo de proyectos que se conocía como «de cascada» y que no permitía ver resultados concretos y aplicables hasta que no se habían completado varios ciclos de trabajo.

2. El Producto Mínimo Viable (proveniente de la metodología Lean *Startup*), que consiste en una versión del producto o servicio que estamos creando que nos permite ponerlo en funcionamiento para recabar aprendizajes habiendo consumido la menor cantidad de recursos posible.

Es importante, igualmente, comunicar esos primeros resultados y celebrarlos. De nada sirve obtener victorias tempranas si no generamos el tipo de respuesta emocional (satisfacción, orgullo, esperanza, etc.) que queremos conseguir en los equipos.

9. Mide el avance con datos

Jim Barksdale era el CEO de Netscape cuando esta empresa lanzó uno de los primeros navegadores de internet que existieron. Suya es una frase memorable que ilustra a la perfección este noveno mandamiento de la transformación: «Si tenemos datos, usemos los datos. Si solo tenemos opiniones, entonces usaremos la mía».

Una de las características que definen el mundo digital en el que vivimos es que generamos datos continuamente, unos datos que sirven a las empresas para mejorar sus servicios y personalizarlos. Este mecanismo de mejora permanente mediante el uso de datos debe formar parte de cualquier proceso de transformación. En este sentido, nuestra iniciativa debe tener una serie de «indicadores clave de desempeño», los famosos KPI (*Key Performance Indicators*). Pero ojo con confundir estos KPI con otro tipo de métricas que yo denomino KPD (*Key Performance Drivers*), que se traducirían como «indicadores clave de influencia». Por ejemplo, si estoy midiendo una página de comercio electrónico, uno de los KPI será sin duda el volumen de ventas. Sin embargo, otras métricas como el número de visitas o de clicks no son, en mi opinión, KPI, sino KPD. Son indicadores preliminares de lo que puede ser el resultado final, que es la venta, pero no resultados clave por sí mismos.

Es fundamental que los KPI estén asociados a métricas de negocio importantes. Muchos esfuerzos de transformación ligados al mundo digital acaban recibiendo mala prensa porque miden KPD en vez de KPI: impactos, lecturas, clicks o visitas no son métricas de negocio a menos que seas Google.

10. Usa la tecnología... pero solo cuando aporte

El camino al infierno está pavimentado con proyectos que se iniciaron como tecnológicos cuando lo importante era el cambio, no la tecnología. Ya incidí anteriormente en que lo importante es la transformación, no el hecho de que sea digital. Debemos pensar en la tecnología solamente como un medio para alcanzar el propósito que perseguimos y como una plataforma para permitir la escalabilidad, no como un fin en sí mismo.

Tampoco debemos caer en la trampa de creer que toda transformación provocada por un mundo digital va a necesitar de tecnología. Como me comentaba un líder de una aseguradora, si acabas de sufrir un accidente, lo último que deseas es que tu llamada de emergencia sea respondida por una máquina.

UN CASO DE ÉXITO: REPSOL

En 2017, Repsol puso en marcha una serie de iniciativas para digitalizarse con un objetivo: minimizar la huella de carbono hasta alcanzar «cero emisiones netas en 2050», un reto mayúsculo para una empresa que se ha dedicado históricamente al petróleo.

Si repasamos los diez mandamientos vemos que en el caso de Repsol se cumplen casi a rajatabla. La visión fue clara desde el principio y los objetivos medibles. Se realizó un seguimiento del volumen de negocio y de los ahorros que resultaban de las iniciativas digitales. Si no impactaban en el negocio, no se ejecutaban.

El apoyo comenzó en el Comité de Dirección y en el CEO, y el plan de transformación ocupaba un lugar en su agenda al más alto nivel. Desde el inicio, la central corporativa tomó el liderazgo para impulsar la transformación en los negocios, que posteriormente se trasladó a los líderes de cada negocio para que tomaran las iniciativas que consideraran más beneficiosas para su área de trabajo. Los líderes competían para recibir financiación de la corporación para sus proyectos en un proceso parecido al de la serie de televisión *Shark Tank (Negociando con tiburones)*, donde un panel de expertos elige aquellas iniciativas que pueden aportar mayores beneficios para la empresa en su conjunto. Los proyectos elegidos se benefician de la financiación y el apoyo de expertos para lanzar un Producto Mínimo Viable o un prototipo. Una vez concluido este, los negocios pueden decidir, bajo su propio coste, si lanzan el proyecto a producción o si, por el contrario, el piloto no ha mostrado el impacto que se esperaba y se suspende. Este es un ejemplo de la consolidación de una metodología para incorporar la transformación en la empresa a través de incentivos (y castigos) para los líderes, construcción de la estructura de conocimiento y la tecnología necesarias, implicación de todos los negocios en la definición de las iniciativas, la conexión con impacto real en el negocio, el proceso de competencia interna por los recursos limitados y el liderazgo incontestable desde los niveles más altos de la organización

En cuanto a quién se subió al tren (segundo mandamiento), la iniciativa incorporó desde sus inicios a todas las áreas de negocio de la empresa, de manera que fue transversal, como pretendía la compañía. Se definió una hoja de ruta en torno a decenas de «casos digitales» ejecutados por equipos multidisciplinares con apoyo de mentores expertos en metodologías de trabajo Agile y conocimientos técnicos acordes con el proyecto en el que trabajaban.

En cuanto al mapa de talento (quinto mandamiento), se trabajó desde el comienzo definiendo un equipo especializado en las distintas materias e invirtiendo en un programa llamado *Digital For Leaders*, por el que pasaron centenares de líderes de la organización para entender qué se estaba haciendo.

Para empezar, se eligieron decenas de proyectos de escala asequible que llevasen la transformación a todos los rincones de la empresa, evitando el efecto «torre de marfil», donde solamente unos pocos participan del proceso.

En cuanto a la comunicación, fue constante, tanto dentro como fuera de la organización. Y los resultados empezaron a producirse pronto porque los negocios estaban plenamente involucrados, entre otras cosas porque todos tenían un impacto en términos económicos.

En lo que respecta al noveno mandamiento (Mide el avance con datos), Repsol optó por convertirse en una empresa *data driven*, o sea, gestionada sobre la sólida base de los datos. Lanzó la Data School, una iniciativa para formar a cerca de mil profesionales de los distintos negocios para ser capaces de aprovechar los datos que se generan diariamente en la empresa.

Por último, usaron la tecnología para apoyar estas iniciativas a través de acuerdos con empresas tecnológicas.

A día de hoy, los proyectos digitales en Repsol se cuentan por centenares y el impacto económico se mide en miles de millones de euros.

EPÍLOGO

«Luego, y como anunciando el final, el concierto termina».
Les Luthiers

Llevaba casi tres décadas de carrera profesional cuando di el salto de lleno al mundo digital. Fue después de años de experimentar una incómoda sensación: el miedo a quedarme atrás y pasarme el resto de mi vida profesional agarrado al pasado, viendo cómo el mundo avanzaba a una velocidad diferente a la mía y yo me quedaba al margen.

Pasé algún tiempo sin saber cómo evitar una dinámica que parecía llevarme irremediablemente hacia la obsolescencia. Al final acometí varios caminos simultáneos, pues ninguno de ellos por sí solo me ofrecía garantías de éxito. En concreto, fueron tres:

- Camino personal. Una exploración de qué parte de mí quería llevar adelante y qué parte necesitaba quedarse atrás, tanto en lo profesional como en lo personal. Este ha sido probablemente el reto mayor, porque todos somos el resultado de décadas de ir puliendo el bloque de piedra que fuimos al nacer para construir esa escultura que nos representa hoy y con la que nos hemos familiarizado, tanto nosotros como los que nos rodean. A lo largo del libro te he contado en buena parte este viaje, un viaje que, por cierto, continúa.
- Camino formativo. Además de mis cambios personales, necesitaba saber más, ampliar mis horizontes. Uno de los principa-

les peligros a los que nos enfrentamos como profesionales es esa zona ciega llamada incompetencia inconsciente, es decir, esas áreas de conocimiento de las que desconocemos su existencia. Muchas lecturas y un máster sobre el mundo digital me hicieron competente en algunas de esas áreas, pero también pusieron luz sobre otras que desconocía. Entendí que es imposible saberlo todo, pero adquirí muchísima más confianza al conocer el terreno de juego en el que me movía.

- Camino profesional. Por último, acometí la tarea de conectar con el mayor número de personas de las que pudiese aprender. Durante algún tiempo asumí riesgos profesionales en mi trabajo intentando que la parte digital estuviese más presente. Finalmente, abandoné un trabajo al que había llegado tras más de 20 años de esfuerzo para iniciar una aventura profesional nueva.

A lo largo de este manual de supervivencia para la Era Digital que estás acabando de leer he intentado cubrir todas estas áreas, que creo necesario satisfacer para poder transitar un camino de oportunidad y esperanza.

En la primera parte del libro hemos visto que los cambios que nos esperan van a ser, con toda probabilidad, mayores que los que hemos vivido hasta ahora. Siempre que se producen cambios de cierto calado en la humanidad hay un período de ajuste en el que unos pocos se benefician de manera particular y el resto sufren pérdidas importantes o van acomodándose y mejorando progresivamente. Los beneficios que esos cambios traen a la humanidad no se suelen repartir de forma equitativa al principio, aunque a la larga sí lleguen a más personas. Esto mismo está ocurriendo también con los cambios provocados por la era de los ordenadores, internet y los móviles, y ocurrirá con lo que la inteligencia artificial, el internet descentralizado o el metaverso traigan en el futuro. Quizás dentro de unos años la humanidad sea capaz de generar progreso económico global y hacer que se reparta equitativamente, de forma que desaparezca el hambre en el mundo y disfrutemos de espacios de ocio y desarrollo mucho mejores que los que tenemos hoy. Pero también es posible que durante décadas se multiplique el desempleo y se generen diferencias sociales y económicas difíciles de reconducir, o que los sistemas educativos fallen en seguir las tendencias y preparar a las personas para vivir en un mundo con reglas distintas. No lo sabemos, pero sí sabemos que el mundo futuro será el resultado de lo que hagamos hoy un número suficiente de personas. ¿Estás tú entre ellas? ¿Te animas a construirlo?

Si tu respuesta es afirmativa, te sugiero que repases los capítulos dedicados a los cambios profesionales y personales que necesitaremos plantearnos. Puede sorprenderte que un libro dedicado a sobrevivir en la Era Digital tenga una parte tan importante de su contenido dedicado a explorar quiénes somos y, sobre todo, por qué somos así. Mi experiencia como *coach* ejecutivo y mi trabajo con decenas de empresas me ha llevado al convencimiento de que los cambios no se pueden acometer solamente a nivel cognitivo, hace falta también un componente emocional. Tu cerebro se va a resistir a cambiar lo que tanto le ha costado conseguir: una identidad en la que te sientes más o menos cómodo. Vas a dudar. Te va a abrumar el esfuerzo necesario. Temerás perder lo que tienes. Quizás incluso te sientas un poco ridículo.

Es posible que creas que es demasiado tarde y que otros van a ir más rápido. Sí, ¿y qué? ¡Precisamente son esos pensamientos los que necesitamos cambiar! Si fuese fácil lo haría todo el mundo, es el hecho de que no lo sea lo que lo convierte en un reto motivador. La satisfacción de poder ver nuestros propios pensamientos casi desde fuera es difícil de describir. Conocerte, y conocer el proceso que te ha hecho ser quien eres hoy, te confiere un poder especial: el de decidir si quieres seguir siendo el mismo o cambiar. El poder y la libertad de elegir tus propios pensamientos.

Así que, ¡desperézate y abre la mente! Si oyes un término nuevo o lees sobre alguna tecnología que acaba de salir, investiga e intenta entender en qué consiste. Si se pone de moda una nueva *app*, descárgatela y experimenta con ella (después, si no te convence, la borras). Si tienes oportunidad de formarte, bien sea en temas digitales o de cambio personal, hazlo, no lo dudes. Si tienes ocasión de hablar con personas (quizás tus propios hijos) que se mueven en temas que no entiendes, pregunta con curiosidad auténtica. Esconderse dentro del caparazón, enterrar la cabeza o poner sacos de arena es la peor estrategia posible en un mundo donde se valoran la flexibilidad y el aprendizaje continuos. Ese tipo de actitud es lo que, con toda seguridad, te pondrá en la lista de «prescindibles». Un cliente, CEO de su empresa, me hablaba de que hay personas en su organización que siguen «en la caverna». Negar la mayor y mirar el calendario todos los días para ver si la jubilación te llega a tiempo no es una buena opción.

Tras explorar los cambios que se están produciendo en el mundo y los que necesitamos acometer a nivel personal, hemos visto cómo podemos contribuir a transformar nuestro entorno, bien al nivel más cercano de nuestras familias o nuestros equipos, bien al nivel más amplio de las organizaciones. La mayor contribución que podemos hacer a las personas de nuestro entorno estriba en crear las condiciones para que ellos puedan vivir su propio viaje sintiéndose arropados y retados a la vez. Los vínculos emocionales son la pieza esencial para nosotros y los que nos rodean: vernos unos a otros como seres humanos con nuestras historias detrás, aceptar que podemos tener puntos de vista diferentes y sentir que se nos valora simplemente por ser nosotros.

Llegamos al final de este viaje juntos. Y como los finales siempre enlazan con nuevos principios, me vienen a la mente aquellas palabras del prólogo de Don Quijote: «Sin juramento me podrás creer que quisiera que este libro, como hijo del entendimiento, fuera el más hermoso, el más gallardo y más discreto que pudiera imaginarse». Aunque no aspiro a tanto, sí me gustaría que estas páginas, escritas desde una honesta vocación de ayudar, encendieran en ti una llama que te inspire a tomar acción. A levantarte y, con determinación, exclamar: «¡Hoy comienza el primer día del resto de mi vida!».

El futuro no está escrito, ni el tuyo ni el de la humanidad. Los nuevos capítulos del libro de la vida están en blanco y tú tienes la oportunidad de escribirlos. ¡Aprovéchala!

AGRADECIMIENTOS

No voy a comenzar esta sección de agradecimientos con el consabido «si puedo ver más lejos es porque estoy en hombros de gigantes» porque siento que he tenido el privilegio de vivir y trabajar con personas a las que no les llego ni a los hombros, empezando por mis padres, Paco y Paqui (no somos muy originales en mi familia en esto de los nombres). Ellos entendieron, a pesar de su origen humilde, que lo mejor que podían darme era una buena educación, y se mataron a trabajar para pagarme colegios privados, comprar enciclopedias que no entendían y animarme a seguir estudiando. Fueron, además, el entorno estable y cariñoso desde el que todo lo demás surge. Gracias por esto y más.

Gracias también a mis hermanos, Marian y Pablo, compañeros de viaje desde muy pronto, a los que, a pesar de las distancias, sigo queriendo profundamente.

En la lista de esas personas extraordinarias están también algunos de los jefes que he tenido, que han sido para mí líderes a los que he querido imitar. Pienso, concretamente, en Gary Reiner, Paul Phillips, Rod Wright y Rodrigo Miranda. Tengo mucho que agradecerles, entre otras cosas que supieran ver en mí cosas que ni sabía que tenía. Y, por supuesto, que me ayudaran a sacarlas a la luz.

También me han inspirado muchas de las personas que han formado parte de mis equipos, como Pedro de la Vega, Paul Dillamore, Stéphane Renaudin, Christophe Bacon, Enrique Pedrosa, Enrique Hormigo, Randall Tallerico, etc. La lista es demasiado larga para reproducirla entera aquí, así que pido disculpas a los que no menciono.

Estoy muy agradecido también a la escuela IMD, que ha sido una auténtica bendición para mí. Desde que allá por el año 2000 decidiese cursar allí su MBA, mi destino quedó sellado. Mis 83 compañeros de máster siguen siendo hoy amigos cercanos repartidos por todo el mundo. Fue, además, esta relación con IMD, la que me llevó al programa *High Performance Leadership* del que tanto he hablado en este libro. Mi agradecimiento al profesor George Kohlrieser (sí, el negociador de rehenes), que podría ocupar otro libro completo, ya que me abrió la puerta a trabajar con él y aprender de una persona como hay pocas en el mundo. Me permitió, además, conectar con otra familia, la de los *coaches* de HPL, entre los que me gustaría destacar a Andreas Neumann e Isobel Heaton, mis padrinos y acompañantes desde el principio. Un agradecimiento especial también para Duncan Coombe por ser mi *coach* cuando participé en ese programa, y otro para mi buen amigo Francisco Szekely, un apoyo constante desde hace muchos años.

Dejo para el final mi profundo agradecimiento a las personas más importantes de mi vida: mi mujer Sonia y mis hijas Andrea y Nadia. Sonia es mi apoyo desde muchos años, compañera de un viaje maravilloso que emprendimos hace décadas y al que todavía le queda lo mejor. Y en cuanto a mis hijas, todo lo que diga es poco. Los cambios que he vivido en los últimos veinte años llevan sus nombres: Andrea y Nadia. Son, además, dos de las mejores personas que he conocido en mi vida: cariñosas, amables, inteligentes, preocupadas por los demás… Me inspiran cada día y me ayudan a mantener la esperanza en el futuro y a no rendirme jamás, porque si ellas son un ejemplo del mundo que viene, ¡yo quiero estar ahí! ¡Os quiero!

BIBLIOGRAFÍA

- Barrett, Lisa Feldman. *How emotions are made*. McMillan. 2018.
- Clear, James. *Hábitos atómicos*. Diana. 2020.
- Colvin, Geoff. *El talento está sobrevalorado*. Gestión 2000. 2009.
- Coyle, Dan. *Las claves del talento*. Planeta. 2009.
- Damasio, Antonio. *Descartes'error*. Penguin Books. 2005.
- Dweck, Carol. Mindset. *La actitud del éxito*. Sirio. 2016.
- Eagleman, David. *El cerebro: nuestra historia*. Anagrama. 2017.
- Edmonson, Amy. *The fearless organization*. Ed. John Wiley & Sons. 2018.
- Ericsson, Anders. *Número uno: secretos para ser el mejor en lo que nos propongamos*. Ed. Conecta. 2017.
- Frankl, Victor. *El hombre en busca de sentido*. Herder. 2021.
- Gladwell, Malcolm. *Fuera de serie*. DeBolsillo. 2018.
- Goleman, Daniel. *Inteligencia emocional*. Kairós, 2011.
- Haidt, Jonathan. *La hipótesis de la felicidad*. Gedisa. 2010.
- Kahneman, Daniel. *Pensar rápido, pensar despacio*. Debate. 2012.
- Kegan, Robert. *An everyone culture*. Harvard Business School Press. 2016.
- Kofman, Fred. *La revolución del sentido*. HarperCollins. 2018
- Kohlrieser, George. *Hostage at the Table: How Leaders Can Overcome Conflict*, Influence Others, and Raise Performance. Jossey-Bass Inc. 2006.
- Kohlrieser, George. *Care to Dare: Unleashing Astonishing Potential Through Secure Base Leadership*. John Wiley & Sons Inc. 2012.

- Kotter, John. *Leading change*. Harvard Business Review Press, nueva edición de 2012.
- Maté, Gabor. *The myth of normal*. Avery. 2022.
- Miranda, Rodrigo. *#miyodigital*. ISDI Books. 2019.
- Miranda, Rodrigo. *Reiniciando*. ISDI Books. 2021.
- Rock, David. *Your brain at work*. Harper Business. 2020.
- Rodríguez Zapatero, Javier. *Por una España digital*. Deusto. 2020.
- Rosling, Hans (et alt). *Factfulness*: *Diez razones por las que estamos equivocados sobre el mundo. Y por qué las cosas están mejor de lo que piensas*. Deusto. 2018.
- Sánchez-Yago, María José. *Érase una persona que quería vivir mejor*. Autografía. 2020.
- Schmidt, Eric & Rosenberg, Jonathan. *Trillion dollar coach*. Harper Business. 2019.
- Taleb, Nassim Nicholas. *El cisne negro*. Booket. 2012.
- Van der Kolk, Bessel. *The body keeps the score*. Viking. 2014.
- Wade, Michael. *Digital Vortex*. LID Editorial. 2018.
- Walker, Matthew. *Por qué dormimos*. Ed. Capitán Swing. 2020.
- Winston, Robert. *The human mind*. Bantam. 2004.
- Wiseman, Richard. *El factor suerte*. Temas de Hoy. 2003.